思考デトックス

Mind detox

ワークライフスタイリスト　宮本佳実 著

WAVE出版

Poem

何をしていても、誰といても、
グルグル、嫌なことを考えちゃう。

「あの人のせいで……」

「この環境が変わったら……」

考えても考えても、出ない答え。

もう、頭がおかしくなりそう。

そんな時は、
好きなものを目にしよう。
好きな音楽を聴こう。
好きな香りに包まれよう。
心地のよいものにフォーカスするだけで、
その時だけでも、悩みや不安を一瞬、手放すことができる。

それならば、一瞬一瞬、
心地のよいものを見ればいい。
心地のよいものを聴けばいい。
心地のよいことを考えればいい。

それを意識するだけで、
たくさんの「一瞬」がつながりあって、
一気に自分の世界が心地よくなる。
心地よい一瞬をつなぐことが、
心地よい私の人生となるのだから。

さあ、もっとシンプルに。
考えすぎをやめれば、スルスルとうまくいく。

はじめに

「手放す」。

みなさんは、この言葉を自分のこととして意識したことがありますか？

断捨離や、こんまり（近藤麻理恵）さんのお片づけ法が流行したこともあり、持っているものを「手放す」ということが、今は多くの人に認知されつつあります。

みなさんもきっと、「自分もいつかは」と考えたことがあるのではないでしょうか。

私はもともと、高卒の普通のＯＬでした。毎日の混雑した通勤電車に辟易して、

「何か、楽しいことないかな〜」

というのが口癖。

そんな私が、大好きだったファッションを仕事にし、個人事業主になったのは20代後半。そこから仲間を増やして「女性の新しい生き方・働き方」を提案する仕事に転向し、チームを大きくしながら、今、10冊目の本を出そうとしています。

これまで私の本では、「好きなことを、好きなときに、好きな場所で、好きなだけ♥」という働き方・生き方を実現する方法をお伝えしてきました。今回はその中でも、**私自身がステージアップしていくために欠かせなかった、「手放す」という考え方**について、たっぷりとお届けしたいと思います。

みなさんは、「デトックス」という言葉を聞いたことがありますか？
これは主に生物の体に関して使う言葉で、一般には、体の中にたまった有害な毒物を外に出すこと、毒素や老廃物を取り除くこと、だそうです。
実は**私、この「デトックス」を、自分の「思考」に使っているんです**。

私がこれまで描いた理想や目標を叶え、次のステージへとスルスルと進もうというときに、**常にネックになっていたのは、〝自分の持っているもの〟と〝いらないマインド〟の2つ。**
そう、「持ちすぎ」「考えすぎ」は、自分自身を重い状態（ファット状態）にして、次のステージへ身軽に進めなくさせていたのです。

そこで私はまず、
思考の手放し＝「思考デトックス」
をしてみることにしました。要は、**「余計なことは考えない」**ということです。
すると、上がったり下がったりして不安定だったマインドが落ち着くようになり、いつもフラットで安定した考えを持てるようになったのです。

思考は現実をつくります。
だからこそ、いつも安定した思考を持ち、ワクワク心地よい気分でいることが、安心で楽しい未来をつくっていくのです。

「人生がうまくいかない……」
「こんなはずじゃなかったのに……」
と言っている人の話を聞いていると、
「自分で勝手に、不安や不満をこねくりまわしてしまっている！」
と感じることがよくあります。

そう、体内だけでなく、思考にも「毒素」がたまってしまっているんですね。

この本では、そうした**思考の中のいらない「毒素」や「老廃物」をどんどんデトックスして、シンプル思考を手に入れ、もっともっと楽しく生きやすい人生を送るための方法**を、みなさんにお届けします。第1章から5章の終わりにあるデトックスワークを必ずチェックしながら、読み進んでいってください。

思考をシンプルにする方法は、いたってシンプル。生き方をシンプルにする方法をむずかしく考えていては、まったく意味がないですからね。

いらないものをどんどん手放して、〝あなた自身〟をデトックスしていきましょう。

そう、「思考デトックス」です。身軽になったあなたは、本当に行きたい次のステージへ、きっと進めるはずです！

2019年8月

宮本 佳実

思考デトックス
——考えすぎをやめれば、人生はスルスルッとうまくいく♥——目次

思考デトックス 導入編

Prologue

デトックスすると、すべてがうまくいく
——シンプル思考を手に入れてもっと楽しい人生を！

思考デトックス 準備編

Chapter 1

いらないものをスルッと手放せる私になろう
——自分だけの〝好き〟を見つけよう

Chapter 2

身のまわりのデトックスで私を見つめ直そう

——単純にいらないモノを捨てることからはじめよう

思考デトックス
レベル①
基本編

Chapter 3

手放せなかったものを手放して、しなやかで強い私になろう

――イヤな仕事も潔く手放していこう

思考デトックス
レベル②
働き方編

Chapter 4

「捨てられない」を捨てられる私になろう

——今の私にしっくりくる関係をはじめよう

思考デトックス
レベル②
人間関係編

Chapter 5

もっともっと軽くなって、次のステージへ

――「もったいない」を手放すと背中に羽根が生えてくる

思考デトックス
レベル③
飛躍編

カバー写真　Ke'alohi (@mermaidlove808)
装幀　加藤愛子（オフィスキントン）
本文フォーマット・イラスト　土屋和泉
DTP　NOAH
編集　大石聡子

Prologue

デトックスすると、すべてがうまくいく

シンプル思考を手に入れて
もっと楽しい人生を！

うまくいく人は〝思考デトックス〟が上手

〝思考デトックス〟がうまいとは、どういうことでしょうか。

それは、**〝手放す力〟があるということ。**


努力して手に入れた成果、仕事、人脈などを手放すのには、勇気がいりますよね。

今まで積み上げてきた考え方を変えるのは、なかなか大変なこと。

でも、**それらを手放す勇気がなかなか出なくて、両手いっぱいに抱え、身動きができない状態になると……、それこそ〝自分自身がファット（重い）状態〟になってしまうんです。**


これは「すべてを手放して、修行僧のような生活を送りましょう」と言っているのではありません。**自分が本当にいるもの、大切なものだけを持って身軽になり、**

・心から欲しいと思うもの
・欲しい成果
・欲しい仕事
・欲しい人間関係
のために、いらないものを手放し、スペースを空ける、ということなんですね。

私は、まわりの人から、

「手放し上手だね」

とよく言われます。はたから見ると「とっても順調だね」と思われるような仕事も、「しっくりこないから」という理由でスパッと手放すので、みんなに驚かれるのです。

現状維持でなく、スパスパと手放していることが、人には、

「会うたびに新しいことをはじめていて、どんどん進化している」

と映るのでしょう。


でも私にとっては、たくさんのものを抱えすぎると、新しいことをはじめたくても

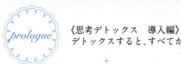

ほかのことに時間や労力を取られて、なかなか実行に移せないのです。だから必然なんですね。

「これは、違うかな？」と、ちょっとでも違和感のあるものは手放しています。

そうすれば、自分の中に余裕ができ、新しいことにチャレンジしていけます。

「大好き」と思っていたビジネスを手放す

私は28歳のときに、パーソナルスタイリストという、個人向けのファッションスタイリストの仕事で起業しました。洋服の販売員の経験を生かし、クライアントの洋服の買い物に付き添うだけでなく、サロンで肌の色と骨格から「似合わせの診断」をし、論理的な視点からも、「似合う」を提案する仕事です。

でも、はじめてから数年経ったある日、私は気づいてしまったのです。

「この仕事は、そんなに好きじゃないかも……」

もともとファッションが大好きではじめた仕事だったけれど、毎日人にアドバイスするほどには好きではなかった……。それに気づいたとき、私は私生活でも離婚していて、一人暮らし。そして仕事はこのパーソナルスタイリストだけ。「この仕事を辞めたら暮らしていけなくなる」と思い、

「この仕事を好きじゃないだなんて、気のせいだ！」

と、２年ほど気持ちをごまかしていました。

でも、自分に嘘をつき続けられなくなって……。結局は、パーソナルスタイリストの仕事を手放し、今につながる「女性に起業の仕方や働き方をアドバイスする仕事」に転向していくことになるのです。

「もったいない」は思考のファット状態

起業して5年経ったころ、私は最初の本を出しました。そのおかげで、うれしいことにたくさんの出版社から執筆依頼がくるようになりました。その中に、パーソナルスタイリストとしてファッションアドバイスをする本の監修の仕事の話があったのです。

でも当時の私は、すでにパーソナルスタイリストの活動をやめ、サロン業務もスタッフに譲っていました。だから、とても魅力的な話でしたが、どうにも**気持ちが〝しっくり〟こなかったのです**。

そこで私は、「弊社のサロン（ビューティリア）のスタイリスト2人が監修」という形でお願いできないか、打診してみました。最初は出版社の方も、

「えっ、佳実さんにやっていただけないのですか？」

という反応でしたが、実際にその2人でやってみると、本は順調にできあがり、5万部を超えるベストセラーに！

「せっかく依頼していただいたのに、やらないのはもったいないかなあ？」

当時、そんな思いが私の胸をよぎったのは確かです。

その、**「もったいない」と思うことこそ、〝思考のファット状態〟**。「やりたい！」ではなく「もったいないから」という気持ちで悩んでいることって、意識してみるととても多いんです。

でも、私が「しっくりこない」と思って潔く手放したことで、スタッフたちは本を出す経験ができ、とても喜んでくれたし、そのことでモチベーションは上がり、サロンの売り上げもアップと、私にとってもいいことづくめだったのです！

私は、**人からどんなに「うまくいっているね」「すごいね！」と言われることでも、自分の気持ちが〝しっくり〟こなければ、その「しっくりこない」という気持ちを判断基準にどんどん手放しています。**

私がそのことを本に書こうとしていた矢先、時を同じくしてモデルの梨花さんが、彼女自身のブランド「メゾンドリーファー」をたたむと発表しました。

ご本人からの話を直接聞いたわけではないので、彼女の真意はわかりませんが、記事によれば「自分自身の生活をもっと充実させたい」とのこと。これを知って、世の中のどんなに多くの人が、

「あんなにすてきなブランドを手放すなんて、もったない」

と思ったことでしょう！

けれども、彼女にとってはきっと、子育て、ハワイでの生活といった日常が、「仕事よりも大事」と判断しての決心。彼女はこれから、大きなものを手放した〝余白〟の時間で、自分自身の生活をもっと大切に豊かにして、それをもとに、また新しいことに挑戦しようとしているでしょう。

梨花さんは、最強の手放し上手ですね。今回の選択はとてもすてきだと思いました。

手放し最上級者を目指していこう

では、私たちは、どうしたらこの〝手放し上手〟になれるのでしょうか？

実は、自分の持っているものを手放す力には、次の**3つのレベル（段階）がありま す。**

レベル1 単純に「いらないもの」を手放す。

レベル2 手放したいけれど、「なかなか手放せないもの」を手放す。

レベル3「もったいないと感じるもの」を手放す。

この本では、第2章で**レベル1**、第3章、第4章で**レベル2**、第5章で**レベル3**の段階を扱いますが、手放し上手な人は、レベル1、2はもちろんレベル3の「もったいないと感じるものを手放す」も、とても華麗にやってのけます。

手放す力がレベル3の人は、自分自身、そして世間やまわりの人が、

「それを手放すなんて、もったいない！」

と思っていても、自分が、

「しっくりこない」

「心地よくない」

と感じるのならば、手放していける力があるということです。


前述のモデルの梨花さんは、手放し力としてはレベル3の最上級者で、このレベルを「手放し」に慣れていない人がいきなりやろうとすると、逆にそれ相応のストレスがかかってしまいます。

だから、みなさんには、本書を読み進んでいくことで、〝思考デトックス〟をしながら、ぜひこの最上級者を目指してもらいたいと思います。

第1章からの本題に入る前に、ここで少しだけ、みなさんと同じように、以前は「手放し」にまったく慣れていなかった私の友人りえちゃんの、思考デトックスの話を紹介しておきますね。

〝しっくり〟で選べば簡単に手放せる

りえちゃんは、私のニューヨークでの仕事のアシスタントをしてくれている女性で、私たちが出会ったのは2年前。そのころの彼女は、悩みをたくさん抱えていました。


高学歴で容姿も可愛く、ニューヨークでバリバリ働く彼女は、私から見たら本当にうらやましい限りの人。けれども「私なんて……」「でも……」という言葉を連発し、いつも悶々としながら、

「これでいいのかなあ？」

「彼氏もできないし、私と付き合ってくれる人なんて、いないんじゃないかしら？」

と言っていたのです。


私は彼女の仕事ぶりに一目置いていたので、ことあるごとに、

「すごいね！」

「これは本当に、りえちゃんの才能だよ！」

と褒めていたのですが、そんなときも彼女は、「全部お世辞だろう」と思っていたそうです。りえちゃん、こじらせすぎ！（笑）

「語学力やニューヨーク在住を生かして、こんな仕事もできるんじゃない？」

と、何度か言ったことがあったのですが、いつも「でも……」という返事が返ってきてしまうような状態でした。

そんなりえちゃんと出会ってから、ちょうど1年半経ったころです。私がニューヨークに2週間滞在する機会を利用して、りえちゃんの悩みをみっちり聞いて本にするプロジェクトが立ち上がりました。

そのときのやりとりは、拙著『やっぱりお金もラクチン♥ カンタンがうまくいく』（KADOKAWA）にまとめています。

そこでりえちゃんが、みるみる変わっていったのです！

では、りえちゃんの何が変わったのでしょうか？

・語学力とニューヨーク在住の立場を生かし、副業でニューヨークで仕事がしたい人向けのアシスタント業をはじめた！（顧客がどんどん増えています）
・「会社が楽しくない」といつも思っていたけれど、副業をはじめたことで、生活がどんどん楽しくなり、本業の仕事もイヤではなくなっていった！
・毎日ニコニコ、ハッピーに仕事をしていたら、苦手だった職場の人も、ニコニコしてくれるようになり、人間関係がものすごくよくなった！
・10年ぶりに彼氏ができた！

……と、私が本のプロジェクトから半年ぶりにニューヨークを訪れたときには、ここに書ききれないほどの変化が、彼女に起こっていました。

そんなりえちゃんに、

「何を一番意識したの？」

と聞くと、こう話してくれました。

「佳実さんが私にずっと言い続けてくれた、**〝自分の好き〟**、つまり**〝しっくり〟と〝ウキッ〟を基準に、すべてのことを選ぶ**ようにしました」

最初、彼女はどこから**〝自分の好き〟を選べばいいのかがわからなかったので、私に言われたとおり、バッグの中身を選ぶことからはじめた**そうです。それまで適当に選んでいたハンカチなどの小物を、**心が〝ウキッ〟とするもので揃えるようにしたこ**とで、〝自分の好き〟が少しずつ見えるようになっていったと言います。

彼女にとって、一番むずかしかったのは、恋愛。これまでは頭では相手を「好き！」と思っていても、どこか〝しっくり〟こないところもあって……。でも、「私がもう少しがんばったら、うまくいくかも」とも思えるし……とズルズルすることが多かったそうですが、自分の〝好き〟や〝しっくり〟がはっきりしてからは、自分の中の〝しっくり〟こない気持ちを判断基準に、そのときの相手を思いきって手放してみたそうです。

そうしたら、理想以上の彼と出会うことに。それまでは、
「私がガマンさえしたら、彼とうまくいくかも……」
と思っていたけれど、思いきって〝じっくり〟こない恋を手放したら、すてきな出会いがやってきたのです！

以前の彼女には、「自分を抑える」「相手に合わせる」癖があったけれど、

・自分が〝心地よい〟と感じるか？
・自分が〝じっくり〟くるか？
・心が〝ウキッ〟とするか？

という〝自分の好き〟を日常に取り入れることで、どんどん自分らしく生きられるようになり、悩み続けていた恋愛も、すんなりとうまくいったのです。

そうです。これらの基準でモノゴトを選んでいけば、それだけで「しっくり、ウキッとする、心地よいこと」がどんどん舞い込んでくるのです。

だから、まずは「**自分の好き＝〝じっくり〟とは何か？」をわかるようになること**
が大事なんですよね。

りえちゃんはこれまで、まわりの人が喜ぶこと、自分よりも他の人のこと、「他人がどう思うか」を基準にしてきたので、突然、

「自分の〝好き〟を基準に！」

と言われても、自分がどう思っているのかさえわからなかったと言っていました。

だから、同じような思いをしているあなたのために、次章では自分の好きを明らかにしていくトレーニングをしていきましょう。


手放し上手になるには、他人任せではない〝自分の基準〟を確立すること。決してむずかしくはないので、私と一緒に、あなただけの基準をつくっていきましょう！

Chapter 1

いらないものをスルッと手放せる私になろう

自分だけの〝好き〟を見つけよう

“好き”をやってみる。それが“正解への近道”

「好きなことがありません。本当に好きなことって、誰にでもあるのでしょうか？」

そんな質問を、私はたびたび受けます。

でも、そもそも、好きなことがない人はいないと思うのです。

「好きなことがない」のではなく、序章に登場したりえちゃんのように、**「好きなことがわからない」人が、とても多い**のではないでしょうか。


考えてみてください。

「私は何が好きなんだろう？」

と自分に問いかけていくと、食べることが好き、体を動かすことが好き、歌うことが好き……と、いくつか思いつくはずです。洋食が好き、甘いものが好き、ヨガが好き、歌謡曲が好き、ジャズが好き、野球観戦が好き……と、たくさん出てきませんか？

どんなことでもいいのです。

「私は、こういうジャンルのテレビ番組をよく見ているな」

「ああいう音楽に耳を傾けてしまうな」

「こういうストーリーのマンガをよく読むな」

という〝自分の好き〟が、だんだん見えてくるはずです。


「好きなことがわからない」と思う理由には、次の3つがあげられます。

①〝好きなこと〟を、自分の人生を変えるようなすごいことだと思っている。
②毎日のルーティーンの中で、自分の感情を無視して生きている。
③これまで〝好き〟を意識してこなかったから、その捉え方がわからない。

①の人の場合、自分のごく身近に〝好き〟があるということがわかれば、たくさんの〝好き〟が自分の中からあふれ出てくるはずです。
「〝好き〟は人生を変えてくれるようなすごいことだ」と思ってしまっているから、それに気づかないのです。

以前、私はこのような質問も受けたことがあります。

「私は、○○と△△が好きです。佳実さんは、どちらが私の本当の好きだと思いますか？　どちらが本当の好きか、どうしたら見分けられますか？」


彼女が言う〝本当の好き〟とは、「自分の人生を変えてくれるもの」「いい結果を出してくれるもの」ということだと思うのですが、それは私にもわかりません。

「好きなこと」は、決して高尚なものである必要はないのです。私はマンガが好き、洋服の買い物が好き、犬が好き、スタバが好き……。それでいいのです。


〝好き〟に正解なんて、ないのです。


そうしたなんでもない〝好き〟の中にこそ、人生を変えてくれるような、夢中になれるようなものがあるかもしれません。でも、それも正解かどうかはわかりません。

だから**最初は、「これかな？」と思うことを、とりあえずやってみる。**

候補が2つあるのなら、2つともとりあえずやってみる。

それが正解への近道です。

目の前の「これかな？」にトライしてみよう

序章でも述べましたが、私も起業したときは大好きだったファッションを仕事にしました。私にとってファッションは、寝ても覚めても好きなもの。この気持ちは一生変わらないと思い、意気揚々と、パーソナルスタイリストの仕事をはじめました。

でも、仕事が軌道に乗り、お客様もたくさん来てくださるようになって、食べていけるようになったとき、

「私は人に選んであげるほどには、ファッションが好きではない」ということに気づいたのです。

生計を立てなければならないということもあって、それから2年ほどはパーソナルスタイリストの仕事を続けましたが、日に日に迷いは大きくなるばかり。

振り返ってみると、実はその時点で、すでに私はファッションより夢中になれるこ

とに出合っていたんです。大好きなファッションで起業をしたからこそ気づいた「私の好き＝ビジネス」でした。

私は起業してから、

「どうやったらお客さんが来てくれるんだろう？」

「ほかの人は、どうやってビジネスをつくりだしているんだろう？」

と、夢中になってビジネスについて調べ、勉強するようになっていきました。

以前は、本屋さんに足を運ぶと、何冊も抱えてレジに向かったのはファッション雑誌だったのに、それがビジネス書に変わっていました。ファッションで起業していなかったら、「ビジネスが好きだ」なんて、私は一生気づかずに生きていたでしょう。


私たちの人生には、「やってみたから、わかること」が、たくさんあります。

だから、**最初から、「好き＝人生を変えるようなすごいこと」といった〝正解〟を求めるのではなく、完成形を目指すのでもなく、まずは目の前の「これかな？」と思うことを、とりあえずやってみる。**

そこから、そのときの自分の〝正解〟を見つけては壊し、見つけては壊し……とやっていけば、いつかきっと、本当の〝好き〟が見つかるようになります！

まわりを気にしていると自分の気持ちが見えない

以前、私が開催したワークショップで、参加者からこんな質問を受けました。

「ワークの中で自分の〝好き〟が書けませんでした。もっと詳しく、自分の〝好き〟を見つける方法を教えてください」

私はその講義の中で、こう伝えていました。

「高尚なものじゃなくていいんです。犬か猫だったら、どっちが好き？　コーヒーか紅茶だったらどっち？　そのくらい身近な〝好き〟を、できるだけたくさん書き出してみてください」

そして、その彼女に、

「本当に、あなたの身近に〝好き〟はありませんか？」

と聞くと、「ありません」。

「では好きな色はなんですか？」

と聞いてみると、やはり「ありません」。

彼女はとても美人で、すてきな洋服を着ていて……。私はその答えにびっくりして、

「では、今日着ている服は、どうやって選ばれたのですか？」

と聞きました。すると、

「無難だから」

という答えが返ってきたのです。


自分が好きなものではなく、まわりの人から見て、無難なもの、人に迷惑をかけないもの、印象のよいもの……といった視点ですべてを判断すると、自分が何が好きで何が嫌いなのかすら、わからなくなってしまいます。

これは、序章に出てきたりえちゃんの話にも通じますよね。まわりの反応を気にし

すぎて、自分の考えがわからなくなるのです。

どうして〝好き〟が意識できないんだろう？

私たちは、〝自分の好き〟を常に意識していないと、何が好きなのか、本当にわからなくなってしまいます。

だからそんなときは、**日頃の小さな決断も、すべて〝自分の好きなほう〟にしていく**ことをオススメします。たとえば、

・いつも使っているペンのインクがなくなって、「新しいものを買わなきゃ！」というときに、自分が〝ウキッ〟とするようなペンを買い足す

・小さなお菓子を買うときも、カフェで一人でドリンクを頼むときも、「無難なもの」「いつものもの」ではなく、「今の私が好きなほう！」を選ぶ

と、日常のなんでもないことでいいので、**「自分の好きで選ぶ」クセをつける。**それが大事なのです。

そして、**小さいころ好きだったことを、ぜひ思い出してみてください。**

幼いころは、まわりのことを気にせず、好きなものを「欲しい！」って、素直に口に出していましたよね。そういう気持ちを隠さず、自分にきちんと聞いてあげながら毎日を過ごす。

それでも迷ったときは、

「私の心が〝ウキッ〟とするのはどっち？」

「私の心が〝じっくり〟くる、〝心地よい〟のはどっち？」

と、自分に聞いてみましょう。

そうすることで、答えが一つひとつ出てきて、それが積み重なることで、「自分だけの好きの基準」ができあがるのです。

好きなことをするのは「いつか」じゃない、「今」！

現在ニューヨークで、料理家でライフスタイルブランディング講師としても活躍している、ひでこ・コルトンさんは、以前は大手金融会社に長い間勤めていました。そう、ニューヨークのウォール街で、スーパーキャリアウーマンとして活躍していたのです。

当時、会社をやめて好きなことを仕事にしている人たちが、彼女の仕事場によく遊びに来ていて、彼らのキラキラ輝く姿に、
「会社をやめた先には、何が待っているのだろう？」
と思っていたそうです。

ひでこさんによれば、世界屈指の金融エリートが集まるウォール街で働くビジネスマンたちは、一般的なビジネスマンよりも短期間でお金をたくさん稼ぎ、そのあとに自分の好きなことをやろうとする人が多いとのこと。

彼女自身、そんな街でキャリアを積んでいく中で、あの9・11の事件が起き、将来への考え方が大きく変わったそうです。

9・11では、毎日がんばって働いていた多くの人命が、一瞬にして奪われました。その中には、どんなに激務でも「今がんばって、いつかゆっくりと好きなことがしたい」と思っていた人もいたでしょう。

彼女はあの事件を目の当たりにして、

「好きなことをするのは〝いつか〟じゃなくて〝今〟だ！」

と強く思ったそうです。

時間は永遠じゃないし、「いつか」がくる保証もありません。

だから、仕事が落ち着いたら、子どもが大きくなったら、お金が貯まったら……と、

「いつか、やりたい」と思っていることは、今、さっさとやってしまいましょう。

「いつか、やめたい」と思っていることは、やめる準備をはじめましょう。

もちろん、計画は大事です。でも、

「こんなことになるのなら、好きなことをもっと早くやっておけばよかった」

と思うことのないようにしたいもの。

そのためには、今、目の前の〝好き〟をどんどんやる。どんどん集める。

そうやって、〝自分の好き〟にアンテナを向けていくと、好きなものがすぐにわかるようになり、大きな決断も〝自分の好き〟〝心地よい〟の基準で判断できるようになります。


自分の行動の基準が〝好き〟になっていくと、

「私は好きなことしかしていない」

「私のまわりは〝好き〟でいっぱい!!」

という毎日になります。


まずは小さなことから。好きなことをたくさんしていきましょう。

「損得」じゃなく、「やりたいか、やりたくないか」で選ぶ

今あるものがなくなるのは、とっても不安だし、その先の未来は大丈夫なのかと、怖くなることがありますよね。かつての私もそうでした。**それはきっと「得をしなければ」と思っているから。**そう思えば思うほど、その思いは強くなるんです。

だから**今の私の判断基準は、「損得」ではなく「やりたいか、やりたくないか」**。成果が出るのかお金になるのかは、やってみないとわからないけれど、たとえ結果が出なくても、「やりたいこと」をやっていること自体が楽しいのです。

ものごとを損得で選ぶと、得しないで終わったときに、「得すると思ったから、やりたくないのにやったのに！」

と、イライラして腹立たしく感じたりしますよね。

いつもイライラ怒っている人は、人生の基準を「損得」にしている人が多いように思います。いつも結果に一喜一憂してしまうので、イライラするんですね。

好きじゃなくても得すると思うほうを選ぶから、ガマンしてやることになる。それで思うような結果が出なかったら……、誰だって、イライラしますよね。

イライラだけでなく、**深く落ち込みやすい人、すぐにへこんでしまう人も「損得」で選んでいることが多い**かもしれません。

「得＝人から褒められること、認められること」と思って、認められることを選んでがんばってやる。それなのに認められなかったら……。なんだか悲しくなってしまいます。

一方、自分の「やりたい」「やりたくない」で選んだらどうでしょうか？

たとえ結果が出なかったとしても、「やりたいこと」をやっているときは楽しいしウキウキしているので、目に見える成果が出なくても、ハッピーでいられます。

「これを選んで、本当にうまくいくんでしょうか？」

と質問されることもよくありますが、それは誰にも誰にもわかりません。

最初は誰だって不安です。だから、

「それでも自分はやりたいの？」と自分に聞いてみる。やってみて、「やっぱり違う」と思ったらやめて、また前のことをやってもいいし、別のことにトライしてもいいんです。

判断基準を「得するか」「損するか」にすると、そればかりが気になって、はじめの一歩がなかなか踏み出せません。だから、新しいことをはじめるときは、損得という視点を外しておくといいですよ。

さあ、もっと自分に素直に♥

あなたのやりたいことを、やりましょう！

自分の選んだ道を正解にする力をつける

「AとBという選択肢があって、どちらが正解かわかりません。私は、どっちを選んだらいいのでしょう？」

という質問に対しても「私だったら、こっちを選ぶかな？」とは言えるけれど、その人にとっての正解はわかりません。

でも、あえて言うならば、「こっち」という答えは一つだけあります。

「自分が〝楽しい〟と思うほうが、正解♥」

数ある選択肢のうち、どれを選んだとしても、その人自身が楽しめるならば、それが「正解」なのです。

私が「うまくいっているな」と感じる人の多くは、「やりたいか、やりたくないか」という〝情熱〟で決めています。「不安がなくなってからやろう」「絶対にいい結果が出ると決まってからはじめよう」と考えている人は、今持っているものをなかなか手放せないし、第一歩が踏み出せないのです。

私たちには、自分の選んだ道を正解にする力があります。選んだ道を思いっきり楽しめれば、それが正解になるのですから。それなのに、世間やそばにいる誰かに答えを見つけてもらいたくて、

「正解を教えて～!!」

と躍起になっているのです。ちょっと滑稽ですよね。

ただし、**その正解を出すためには、自分の〝楽しい〟〝うれしい〟〝好き〟〝心地よい〟〝しっくり〟〝ウキッ〟といった感情を、きちんと理解しておくことです。**

なぜなら、これらの感情がはっきりしていないと、自分を楽しませたり、喜ばせたりすることができなくて、自分の選んだ道を正解にする力がなくなってしまうから。

自分の心の声を聞いて、自分だけの「正解」を見つける基準を知りましょう。

その失恋もまだ途中経過だから、焦らないで♥

恋愛に関しては、私もかつては泣く泣く自分の見切りで終わらせたこともありました。


そのあと、いい人になかなか全然巡り合えないと、

「ああ、前の彼と、もっとうまくいく方法を考えたほうがよかったのかも……」

「このままでは私、一生一人かもしれない……」

なんて、考え方が完全にネガティブモードになっていたものです。

でも、それって、目先の出来事を「結果」として判断しているから、自分の選択を
「やっぱり、失敗だったたか」
「損したかも～」
と、思ってしまうんですよね。

ネガティブモードから抜け出し、視野を広くして、〝自分の好き〟＝〝じっくり〟〝やりたいこと〟で人生を選択し続けていれば、それがまちがっていなかったことがわかる日が、きっときます。

あとから振り返れば、すべては途中の出来事。

私の場合も、やはりあのときに前の彼との別れを選択したから、今、〝じっくり〟くるパートナーと出会えたと思えるのです。

「失敗したかも」と思い、「もうダメだ！」と落ち込んだときは、「私の人生には、まだまだ続きがある！」ということを思い出してください。

私にも、落ち込んだり、泣き崩れたり、失敗して立ち直れそうになかったりと、いろんな日々がありました。でも、そこで人生は終わることはなく、今まで続いていた。だから、今の私があるんですね。

これからも、失敗すること、悲しいことなど、さまざまなことが私を待ち受けているでしょう。でもその先には、ちゃんと続きがあるのです。
流した涙を拭いて、転んでも転んでも起き上がる。
私たちには、その力がある。
今、目の前にあるのは、まだ途中経過なのだから♥

ここまでは、思考デトックスのための、心の準備編を紹介しました。みなさんも、いらないものを手放すための心の準備はできたでしょうか？　ご自分のしっくり、ウキッ、や好きを少しずつ意識していただけたでしょうか？

さあ、次の第2章からは、思考デトックスを実際にはじめていきましょう。その基本編として、**手放し力レベル1**の、みなさんの生活の中での〝モノ〟の手放し方と、その考え方を紹介します。

デトックスワーク①

〝自分の好き〟を知るためのレッスン

1 あなたの好きなこと、ものを書き出してみましょう

2 あなたが「楽しい」、「心地よい」と思うことを書き出してみましょう

Chapter 2
身のまわりのデトックスで私を見つめ直そう

単純にいらないモノを捨てることからはじめよう

まずは身近なモノからどんどん手放す!!

まずはレベル1の手放しから実践していきましょう。最初は「手放したいものを手放す」ところから。これは手軽に手放せるものを見つけて、ポンポン手放す練習です。そして、「いるもの」「いらないもの」を日常の中で意識するトレーニングにもなります。まずは自分の半径1メートルくらいの近いところから手放し、どんどん身軽になっていきましょう!

場所やモノはどこでも、なんでも構いません。会社のデスクの上でもいいし、鏡台にあるメイク道具でもいいです。料理をよくする人は、キッチンまわりでも、いつも自分が座っているソファのまわりから整理してみるのもいいかもしれません。

とにかく、**自分の手がすぐに届く、簡単にできるところからはじめてみましょう。**

そうしたところを改めて眺めてみると、使わないものがたくさんため込まれていることに気づきます。私の場合も、メイク道具を見ると、以前「まだ使えるしなあ」としまい込んでいたコスメが、大量に出てきました。それらを整理することで、「あっ、これ、これ！　こんなところにあったんだあ！」

と、また〝ウキッ〟として、現役返り咲きになるモノもあれば、

「これはウキッとしないから、手放そう！」

というモノも出てきます。


昔の自分が〝じっくり〟〝ウキッ〟と感じて揃えたモノでも、今の自分はそう感じないことってよくありますよね。だからこそ、**身のまわりの「定期的なデトックス」が、とっても大事**なのです。

私は、**自分が一番長く身を置いている場所は、自分が影響を大きく受ける場所でもある**と思っています。多くの人がパワースポットに足を運ぶのは、そこに行けば、場のエネルギーがもらえるから。ということは、毎日身を置いている家や職場からも、

あなたはエネルギーをダイレクトに受け続けているのです。

だから、そんな場所を〝心地よい〟状態にしておくことは、実はとても大切なこと。

「家や働く場所が、私にとってのパワースポット！」と言えるくらいにしておけば、毎日心地よい環境に身を置けるはずです。

バッグの中身は心の中とリンクしている

必要以上にバッグが重い――これは、私が多くの人を観察していてわかった、「手放せない人」の特徴です。
バッグ、カバンは毎日持ち歩くので、とにかくモノを詰め込みたくなる。その気持ちが大きくなって、どんどん詰め込んだ結果、なんでも出てくるドラえもんのポケット状態になってしまう人は、典型的な「手放せない人」かもしれませんね。

バッグの中は必要なものだけ

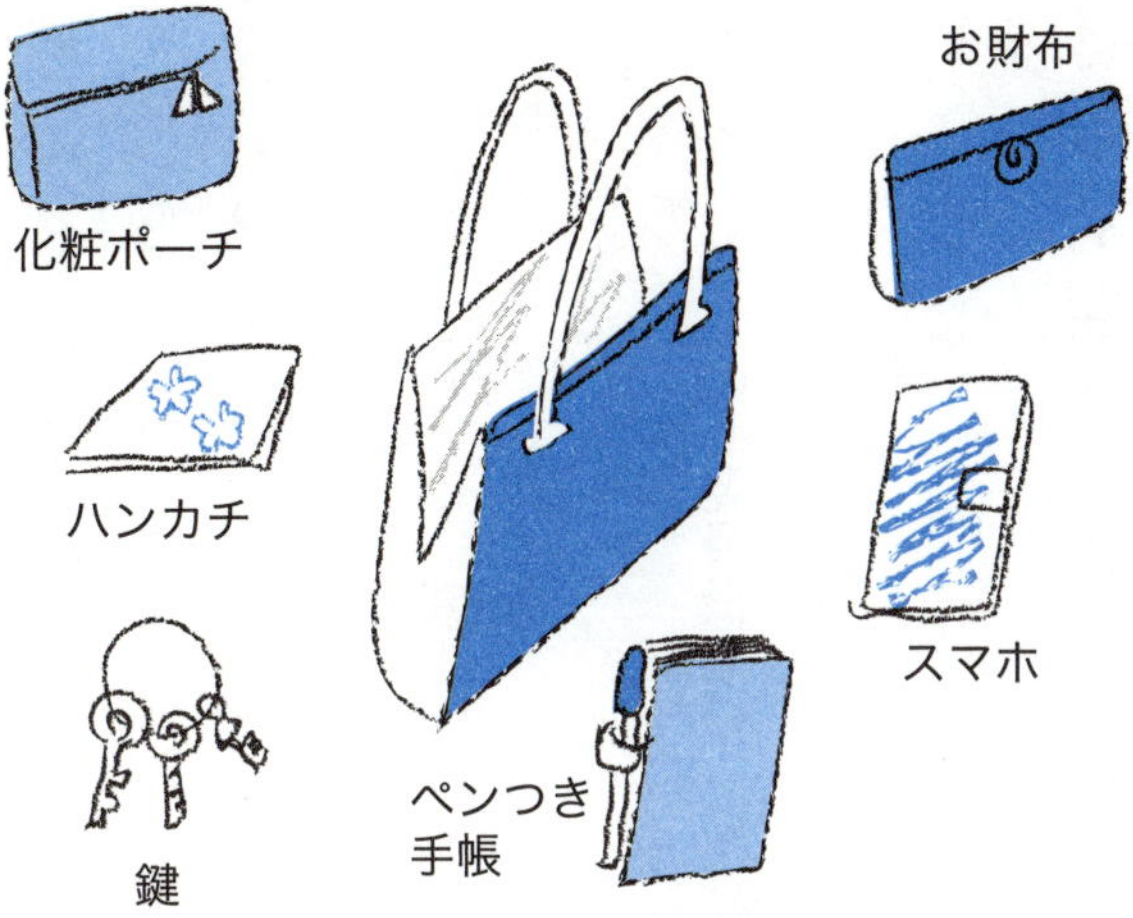

では、なぜ、そのようにたくさんのモノをバッグに入れてしまうのでしょうか？

その大きな理由としてあげられるのは、

「出先で何が起こるかわからない」

「もしかしたら必要になるかも」

「ないと困るかも」

という心配や不安でしょう。


でも、それがなくても、ほとんど困らないことってが多いです。だからまずは、

①今バッグに入っているモノを、一旦すべて外に出してみましょう。そして、絶対に必要なモノだけを選んで、バッグに戻します。

「私はモノをそれほど入れていない」と思

っている方も、試しにやってみてください。

私がバッグに入れているのは、**お財布、スマホ、ペンをさした手帳、小さな化粧ポーチ、ハンカチ、鍵**の6点です。みなさんにとっても、「本当に必要なモノ」は、これくらいなのではないでしょうか。そして、

②そのほかのモノは、「どうしても今日はこれが必要」というときだけ、追加するようにしましょう。

私も出張に行くときは、基本の6点に、スマホの電源アダプターやｉＰａｄなどを加えるようにしています。

このように自分の必要最低限の「厳選アイテム」をあらかじめ決めておくと、必要なモノだけを持ち運べるので、とても便利です。ぜひやってみてくださいね。

お財布整理は手放し上手・金運アップへの第一歩

お財布の中身を大整理

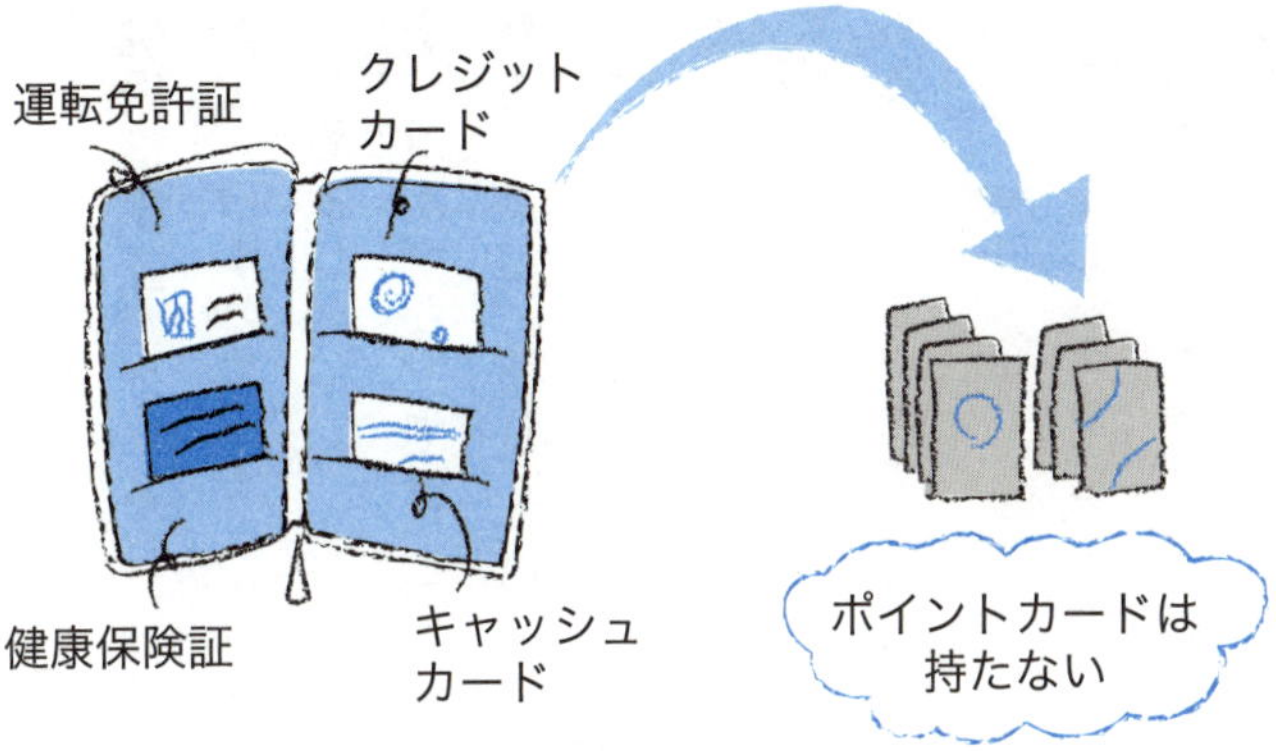

バッグに入れるお財布の中身も整理が必要です。あなたのお財布は、領収書やポイントカードなどで、パンパンの状態になっていませんか？

なかでも「これは使うかもしれない」と思って、ポイントカードが10枚以上入っている人は、「手放し下手」である可能性大。

今は、スマホでポイントを管理できるショップも増えてきているので、昔と比べたらカードも減っているとは思うけれど、まだまだお財布がカードでファット状態の方も多いよう。だからこそ、まずはポイントカードから、整理していきましょう。

私の場合、お財布にポイントカードがあ

ふれるのがイヤで、あるときから、クレジットカードの付帯ポイントしか貯めないと決めました。それからは、**お財布には、クレジットカード、キャッシュカード、運転免許証、健康保険証だけ。**それ以外は入れないようにしています。以前はポイントカードなどを、ほかのカードケースに入れてお財布と一緒に持ち歩いていたけれど、今はそれもやめました。

サロンやショップなどでは、「ポイントカードをお持ちですか？」と聞かれることがよくありますよね。新しく行ったサロンなどでも、「これが当店のポイントカードです」と言って渡されます。そういうとき、私は、「ごめんなさい。ポイントカードを持たないことにしているので」と、丁重に断っています。サロンの場合は、ポイントカード自体をカルテと一緒に保管してくれることも多いので、携行する必要がなくて便利です。

また、領収書やレシートも、お財布に入れるとゴチャゴチャになりますよね。私は、それらを**バッグの小さなポケットに入れたり、領収書用のポーチを持っているときは、そこに入れたり**しています。それで、お財布の中は常にスッキリ♥

まずはお財布の整理をすることで、「手放す」の第一歩をはじめてみましょう。

それに、お財布の整理は、金運アップにもつながります。お金持ちの人のお財布はいつもスマートで美しいもの。それがお金を引きよせる一つの秘訣でもあります。

金運を上げたい人は、お財布のデトックスをぜひやっておきましょう。お金が入ってきやすい環境を整えておくことはとっても大事なアクション。デトックスでスペースを空けることで、循環がよくなり、お金がどんどん入ってくるようになりますよ！

クローゼットのデトックスで「今の私」を知ろう

次に、家の中のデトックスをしていきましょう。

私は洋服が好きなので、クローゼットのデトックスをよくします。**今の自分に〝し**

クローゼットはパンパンにしない
しっくりこない衣類は処分しちゃう

っくり〞こなくなった服は潔く手放し、クローゼットがパンパンにならないようにしています。

洋服のデトックスをしていると、自分の〝しっくり〞が昔と今では変わっていることに気づきます。もちろん流行もありますが、私自身が日々成長し、年を重ねてマインドも変わっているので、昨年まではとってもお気に入りだった服も、今年はまったく手に取らなくなったということが、多々あります。そこで、

「この服を着たいと思わないなんて、おかしいな」

と試しに着てみても、なんだか〝しっく

り〟こない……。そんなときこそが、今の自分の〝じっくり〟を再確認するいいチャンス！

〝好き〟や〝じっくり〟は、どんどん変わります。そうした自分の変化を敏感にキャッチしていないと、それまでと同じ基準で選んでいるはずなのに、なんだか心地よくない……。そんなことにもなりかねません。

だからこそ、「**洋服のデトックス**」は、**今の自分の〝じっくり〟を知るのに、とっても効果的**なのです。

家の中のデトックスで困ったらプロにお任せ

家の中は、整理収納アドバイザーと一緒にデトックスすると、驚くほど効率的に片づきます。前述したように私は洋服が好きなので、気づくとすぐにクローゼットのデトックスをしているけれど、キッチンや物置など、自分が得意としない場所の整理は、なかなか手につかない状態でした。そんなときに、プロにお願いしてみたら、瞬く間にいらないモノを手放すことができたのです。

まずは家の中をセクション——キッチン・リビング・収納棚など——に分けて、そこに収納してあるモノを、すべて外に出すように指示されます。それらをすべて出し終わったら、アドバイザーは大きなビニールシートを出してきました。そのシートは十字に仕切られていて、それぞれに「残す」「捨てる」「保留」「移動」と書いてありました。

そして、アドバイザーの「これはいりますか？」という声とともに、私は手渡された一つひとつを、いつも使っているモノ、今の自分にしっくりくるモノは「残す」へ、もういらないモノは「捨てる」へ、「どうしよう……？」と迷うモノは「保留」へ、キッチンではなく、納戸に収納と思うモノは「移動」へと、分別していきます。

家の中のものも分別していく

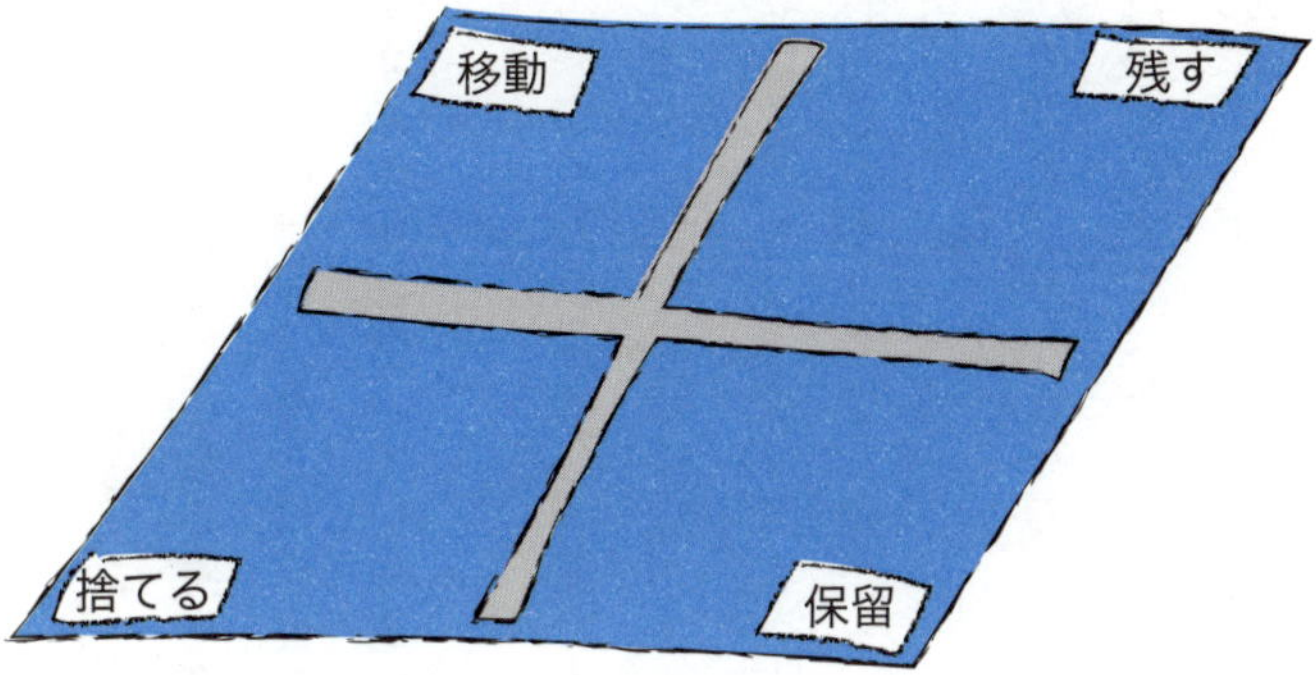

みなさんも経験があると思いますが、これを一人でやると、
「あっ、これ、あった、あった！」
と、アイテムごとに余計なことを考えたり、思い出に浸ってしまったりして、長時間かかってしまいますよね。それが**プロと一緒にやることで、短時間でスムーズに、大きなデトックスができるのです。**

片づけが得意な人は一人でもできると思いますが、なかなか片づけができないという方はぜひ、プロの手を借りてみてください。

デトックスの効果は、**家中のいるモノ**

といらないモノをどんどん選別していくと、自分の「好きなモノ」「嫌いなモノ」「今いるモノ」「今はいらないモノ」が、よくわかるようになることです。

そして**最終的には、自分の身を置く場所を、「大好きなモノ」「しっくりくるモノ」だけで整えていける。そこは自分が〝ウキッ〟とする場所でもあるので、必然的に、自分のエネルギーと合っている場所になります。**

以前、いつもお世話になっているスピリチュアルカウンセラーの方に会ったとき、

「佳実ちゃんに何か、雑多なエネルギーがついていると思ったら、モノのエネルギーだったのね。今、あなたの部屋、片づいていないんじゃない？」

と言われたことがありました。

「ギクゥーーッ！」

そうなんです。そのころの私は、出張や旅行が重なって、部屋が全然片づけられない状態だったのです。そのエピソードを会社のスタッフに話すと、

「モノのエネルギーって、人につくんですね」

とおどろかれました。

生き物だけでなく、この世に存在するモノすべてが、エネルギーです。パワースポットの話はよく耳にしますが、場所もモノもすべてがエネルギー体なのです。
そのエネルギー体から、同じエネルギー体である私たちは影響を受けています。しかも**自宅や自分の部屋は、私たちが最も長い時間過ごして、そのエネルギーを一番受けている場所。自分のエネルギーと合っているかどうかは、とても大事**ですよね。

私は、整理収納アドバイザーでも風水師でもないので、「部屋がものすごく綺麗じゃないと、運がよくならないし、成功しない」ということを言いたいのではありません。実際に私の部屋も、ものすごく綺麗なわけでもなく、まだまだ改善する余地がありますから（笑）

ここで**私が大事だと思うのは、「自分が〝しっくり〟くる部屋」にいるかどうか。**
「心地よくない」と感じる部屋に長い間いたのでは、誰でも運気が下がってしまいます。掃除が運気アップにつながるといわれるのも、多くの人が、綺麗な部屋のほうが

「気持ちがいい」と感じるからでしょう。
その綺麗さの程度も、ホテルのようにホコリ一つない部屋のほうがいいという人もいれば、アットホームな感じが好きで、多少ごちゃついていた方がいいというもいる。また、広い部屋が気持ちいいという人もいれば、狭い部屋のほうが落ち着くという人もいる。〝じっくり〟くる部屋は、人によって違うのです。

だから**「おうちデトックス」をしてモノを選別していくことで、自分だけの〝しっくり〟を、もっと知りましょう。**デトックスするうちにあなたも、今の家が愛おしく感じられるかもしれないし、逆に「新しい家に引っ越そう！」と思うかもしれません。

そうした**「自分の判断基準」を、明確にしていきましょう！**

「理想の私」になってジャッジしよう

何か新しいモノを買ったり増やしたりするときは、**もう一つ、余計なモノを増やさずにすむ判断基準があります。それは、「理想の私は、これを買う？」と自分に問いかけること**です。

「今、便利だから」「とりあえず欲しいから」ではなく、理想の私だったら、本当にそれを買って手元に置くのか、自分の家に入れるのか……。それを真剣に考えてみるのです。そうすると、

「理想の私だったら、『とりあえず今はこれを買っておこう』なんて、思わないよね。もっと気に入ったものが出てきたときに、もう一度考えよう！」

という判断ができ、買い物の失敗が減ります。

私は、自分の本やセミナーで、

「理想の未来を書きましょう」

と言っています。これは願いが叶いやすいという「新月の願いごと」や、引き寄せた

い未来を書くことも同じですね。

「理想の未来」「欲しい未来」をしっかり思い描けるようになると、自分が身を置くべき場所についても、「こういうところがいいな♥」という具体的なイメージが、自然と浮かび上がってくるようになります。

みなさんも、まずは「理想の未来」「理想の私」を、書き出してみましょう。

私も今でも定期的に、「この未来、こうなったら最高！」ということを書き出しています。本当に好き勝手に書いているので、やっているうちに、なんだか顔がにやけてきます。

「こんな風になっちゃったら、うれしすぎる〜!!」

って（笑）

先日書いた「理想の未来」の中では、この本が10万部を超えて大ヒットすることになっています（笑）そうです。誰も見ていないのだから、好きなように書けばいいいんです！

そして、**そんな未来を生きている「理想の私」は、「どんな自分？」ということも妄想してみましょう。**

私自身、いつもそんな風に楽しく妄想をしながら生きてきました。そうしたら、それ以上の現実がやってきたのです。そうやって「理想」を先取りすることで、「理想の現実」がどんどん引き寄せられていくんです。

みなさんもぜひ、やってみてくださいね。

「理想の未来♥」をグングン引き寄せる方法

先日、ある友人と話をしていたとき、彼女がこんなことを言っていました。

彼女は小学生の女の子の母親であり、主婦であり、正社員としてフルタイムで働くビジネスウーマンでもあるのですが、**年末に新しい手帳を新調する際に、まずは翌年**

の旅行の予定をざっくり立てるのだそうです。

彼女は正社員でありながら、年5回は海外旅行に出かけています。

そのコツは、何より先にその予定を立てること。

まずはご主人や娘さんのお休みの状況を見て、友人たちの来年の旅行の予定も聞いて、だいたいのスケジュールを立てておくんだそうです。

そこから、飛行機やホテルの料金を調べて、あまりに高いようであれば、微調整。友人たちとも「実際はいつ行くのか」という連絡をとりつつ、数カ月前には確定日を決めて……という手順だそう。

彼女はこうも言っていました。

「そうやって、まだ何も決まっていないうちに〝予定〟として手帳に書くようになってから、それがどんどん現実になるようになったの！　以前は、いつか行きたいなって考えるだけだったけど、〝予定〟にしていたら、本当に決定になってた！」

彼女の場合は海外旅行ですが、目的はなんでもいいのです。

「いつかやりたい」「いつか行きたい」ではなく、「いつやる！」「いつ行く！」と、予定してしまって、あとでいろいろ調べたり、段取りしたりして、まわりにも「やるよ〜！」「行くよ〜！」と言うことで、どんどん現実になっていくんです。

通常、旅行をするときも、予定を立て、飛行機やホテルを調べて、友人たちと日程を合わせて……と、彼女と同じ手順を踏みますが、「それは確実に行くことが決まってからすること」と思い込んでいることが多いんですよね。

そうではなく、**「行きたいな」「やりたいな」という理想が自分の頭に浮かんだそのときから、やることが確実に決まったときと同じ行動をしはじめる。**

そうすることで、「自分の理想」をぐんぐん引き寄せ、実現させられます！

安心すれば〝私〟が加速する

「私、心から安心できるようになりました！」

先日、久しぶりに会ったクライアントさんが、そう報告してくれました。彼女はとても人気のあるカウンセラーで、毎月のように有名テレビ番組の取材を受けています。でも彼女によれば、３年くらいの間ずっと、不安な日々を過ごしていたらしいのです。


彼女には、その原因がわかっていました。ＳＮＳなどの心ないコメントに傷つき、

「また叩かれるかもしれない」という不安が、先に立ってしまったのです。

「自分の考えを、もっと多くの人に届けたい」

とは思っているけれど、

「叩かれたらどうしよう……」

という不安や恐れから、仕事に対して純粋にエネルギーをかけられない。アクセルを

踏みながらブレーキも踏んでいる……。そんな状態だったそうです。

そうしているうちに仕事の売り上げも下がっていき、さらに不安になるというスパイラルに陥っていったとのこと。

「不安だから、もっとがんばらなきゃ、行動しなきゃって焦って。でも行動すればするほど、また不安になってしまって……。その繰り返しでした」

そうです。**不安からの行動は、その不安をより増幅させることが多い**のです。

彼女の場合のように、

「不安だから、がんばらなきゃ！」

「不安だから、もっとやらなきゃ！」

と行動すればするほど、

「まだやらなきゃ！」

「もっとやらなきゃ！」

と、満たされない状態がずっと続いてしまうんですね。

では、そうした負のスパイラルにはまってしまったら、私たちはどうすればいいのでしょうか？

それは、**自分が今、満たされていることや、安心すること（目の前の幸せや自分の中にある幸せ）、うれしいこと、楽しいことを書き出してみる**ことです。

そうすると、

「私は、こんなに満たされた幸せな世界にいるんだ！」

と安心できます。

雨露をしのぐ家があること、自分も家族も健康であること、温かいご飯が食べられること、信頼できる友だちがいること、お給料が振り込まれる仕事があることなど、**自分をとりまくすべての〝ある〟を書き出してみましょう。**

これを実践した彼女も言っていました。

「今の自分に満たされたら、目の前のことに集中して、その一つひとつを楽しむことができたんです。**不安だから行動するんじゃなくて、楽しいから行動したくなった。**

そうしたら、どんどんいい方向に転がって、メディアの取材もたくさんくるようになったんです」

不安だから、満たされないから……。そんな心が枯渇状態のまま、行動したり、未来の理想を描いたりしていると、どんどん空まわりして、彼女が経験したように不安がますます募ってしまうことは往々にしてあります。

だから、**まずは〝今〟自分自身が満たされて、安心することです。**

精神が不安定な状態でダイエットすると、健康的には痩せられないように、「思考デトックス」でも、心が整っていないと、うまく手放せなくなります。

自分の〝今〟を満たす——そうした土台をつくることこそが、健全なデトックスを実現するためには必要です！

「それを手に入れて当然♥」が現実になっていく

「なんであの人はいつも、欲しいモノをどんどん手に入れていくんだろう？」

「どうしてあの子には、いつもすてきな彼氏ができるんだろう？」

「なぜあの人は、思いどおりの人生を歩んでいるの？」

お金持ちの人、モテる人、やりたい仕事をどんどん成し遂げていく人などを見て、
あなたは不思議に思ったことはありませんか？

なんであの人ばかりが、うまくいくんだろうかと。


その答えは簡単。**彼らは「私は、それを手に入れて当然♥」と思っているから。**

「私は欲しいモノをちゃんと手に入れられる存在」

「大好きな人から愛される存在」

「希望の仕事をどんどん成し遂げられる存在」

そう自分を認めているから、その言動も、現実の結果に直結していくんです。

水道の蛇口をひねるとき、みなさんは水が必ず出る前提でそうしていますよね。家の玄関の鍵を開けるときも、必ず開くと思って開錠していますよね。「水出るかな？」と不安になりながら蛇口をひねらないはず。それくらいの当たり前感なのです。

私がよく見ている『消えた天才』というテレビ番組で、以前、テニス指導者の松岡修造さんが、若いころまったく勝てなかった天才選手を取り上げていました。日本選手の中でも群を抜く才能があったその人は、若くしてアメリカに渡り、トレーニングを積んでいました。

でも、そこには世界ランク上位の人たちがたくさんいて、彼らとアジア人である自分の実力の差に愕然とします。今でこそ、日本人が世界ランク上位に名を連ねていますが、当時は前例がまったくない時代。

「これまで日本人が成し遂げられなかったことをやるなんて、僕には絶対に無理だ」と、彼は早くにテニス界から去ってしまいます。

一方、修造さんはその天才の彼に、才能ではいつも遅れをとっていて、アメリカに渡ったのもかなりあとのことでした。

けれども、修造さんが違ったのは、「僕ならできる!」と、自分を信じ続けていたこと。それが、テニスの世界選手権の最高峰といわれる4大グランドスラムの一つ、ウィンブルドン大会で男子シングルスのベスト8という結果をもたらしたのです。

才能やテクニックはもちろん大事です。

でも、**一番大事なのは、**

「自分はできる」

「それを手に入れられる存在である」

と信じきれているか、当たり前と思えているか、ということ。それがあるからこそ、ただの思い込みではなく、叶う現実があるのです。

これは、みなさんにも当てはまりますよね。

・私はみんなから愛される存在

・私は多くの人から認められる存在
・私はお金がたくさん入ってくる存在
……と、なんでもいいのです。

「**私は○○な存在**」

「**○○になって当然**」

そう自分をプラス思考で捉えて、ノートに書き留めておきましょう。

自分のことを認めることで、マインドや言動が変わっていくと、自分の「生きる現実」も変わっていくのです。

美容液のように〝自分の価値〟を浸透させよう

ここでは、前項であなたが書き留めた、

「**私は○○な存在**」

「私は○○になって当然♥」

という言葉を、何度も繰り返し唱えてみましょう。


これを、毎朝のメイクのときに、鏡に向かって言うのもいいですね。眠りにつくときにベッドの中で、一言唱えるのもいいでしょう。歩いているときに、心の中でつぶやくのでもいいと思います。

とにかく毎日欠かさず、お肌に塗る美容液のように、〝自分の価値〟をあなた自身にすり込み、浸透させていくのです。


すると、どうでしょう？

自分はそういう存在なのだと、本当に思えてきませんか？

それは、あなたの価値が浸透している証拠です。


私たちは自分の価値を認められないと、何かを手放すのにもとても不安になります。

「私は愛されるのがむずかしい存在だ」

と思っていると、ＤＶをするような彼氏とも、

「彼を失ったら、もう誰も私のことを愛してくれないかもしれない」

と不安になって、なかなか別れられないと聞きます。

「私は好きなことを仕事にできない」

と思っていると、今の仕事がきついからやめたいのだけど、

「これをやめたら、もう働き口がなくなってしまう」

と、怖くて身動きが取れないはずです。


私はとても楽観的で、基本的に「私なら大丈夫♥」と思っています（笑）

今も新しい事業をはじめたので、毎日ドタバタの連続。でも先日、スピリチュアルな能力のある方と会ったとき、

「新しい事業がスタートして、また新しい人生のレッスンだね」

と言われたので、私が、

「レッスン、レッスン〜♥」

と楽しそうにしていたら、今度はこんな風に言われました。

「それだよね、その考え方だよ！　同じように声をかけても、また辛い人生の修行が

理想の価値を美容液のように染み込ませよう

はじまるんですねと、肩を落とす人もいるからね」

確かに私は、いろんなことをかなり気楽に捉えているところがあると思います。だから、足元をすくわれて大変なことになる、なんてこともなくはないのですが……。でも、そんなときも、

「私なら、なんとかできるから大丈夫♥」

と思っているので、注意深く、石橋を叩いて歩くような性格には一向になれません(笑)。石橋を叩かずに、「ルルルル〜♥」と足早に渡る。そこで落ちてしまったら、また新しい石橋を見つけて渡ればいい！

そんな風に考えています。

「私なら大丈夫♥」「私は可愛い」「私は愛される」――そんな言葉を、美容液のように丁寧に、〝私〟に浸透させましょう！

この世に一つ、絶対に手放せないものは「自分自身」？

「ポンポン手放して、どんどん軽くなること！」

私はいつもみなさんに、そうオススメしています。けれども、この世には絶対に手放せないものが一つだけあります。

それは、〝私〟です。**私が〝私〟であることは絶対に変えられないし、絶対に手放すことができません。**

「自分のことが好きになれない……」

そんな風に思っている人もいるかもしれません。でも、自分以外のものは、好きでも嫌いでもどうにかなるけれど、自分に関しては、嫌いだと、ずっと苦しいだけです。だって、絶対に手放すことができないんですから。

だから、自分が嫌いな人は、それを変えるためにも、

①まずは自分の〝好き〟なところを、書き出してみてください。
②それから〝嫌い〟なところも書き出して、自分を客観的に見てみましょう。

自分の〝嫌い〟なところを直すという方法もあるけれど、まずは「これが私なんだ！」と、認めてあげることが大事なのです。

この世に、完璧な人間なんていません。完璧な世界もありません。**一つのものには「よいところ」と「悪いところ」の両面が必ずあるのです。**「すべてがよい」ということは、世の中には絶対にありません。それは自分についても同じなのです。だから、完璧に「すべてがよい」にしなくていいのです。悪いところ、ダメなところがあって当たり前なのです。

私は家事全般が苦手です。とくに料理は、どうがんばっても好きになれません。楽しいとも思えません。料理が好きだったら、人生がもっと楽チンだったろうとは思うけれど、これはもう、どうにもできないのです。

「どうしても働くのが楽しいと思えません」

と、以前ブログにコメントをくれた方がいて、私はその気持ちが痛いほどわかります。私は働くことは大好きだけど、料理が楽しいとは、まったく思えないから。

「食事をしたいのなら、イヤな料理でもしなければならない」という方程式って、「お金が欲しければ、嫌いな仕事でもしなければならない」というのと似ていますよね。

でも、外食したり、人につくってもらったり、デリバリーしたり、コンビニで買ってきたり、食べるのをガマンしたり（笑）……と、自分が心地よい「これならできそう」ということを模索しながら「食べること」をすればいいと思うんです。

できないこと、苦手なことは、折り合いをつけながらやっていけばいい。

「がんばって、不満を抱えながらも、もっとできるようにする」

「ガマンしてやる」

「完璧を目指す」

ということよりも、もっと心地よくうまくいく方法があるはずです。

誰にでも、できないこと、嫌いなことは、いろいろあります。でも、できること、好きなことも、いろいろある。


みんな全部、まるっと〝私〟。

それをちゃんと、あなた自身が認めてあげましょう♥

「幸せのツール」で、どんな時でも「幸せ」になれる

「手放すのが怖い」

「手放して、本当に大丈夫かしら？」

「手放して、もっと悪くなったらどうしよう」

そう思って不安になる人も、たくさんいるでしょう。
なぜ、そんなに不安になるのかといえば、「自分で自分を幸せにする力」が不足しているから。

彼氏がいなくなったり、お金がなくなりそうだとしても、「自分で自分を幸せにできる」とわかれば、なくなることが怖くなります。そう、〝私〟のことを幸せにできるのは、彼氏やお金ではない。それができるのは唯一〝私〟だけ。

もちろん、彼氏も友達も仕事もお金も家族も、喜びや幸せをくれます。でも、それがなくなったからといって、私たちは不幸になるわけではありません。「自分で自分を幸せにする力」を持っていれば、必要以上にそれを握りしめなくてもいいし、人に期待したり依存しなくていい。

そしてその「自分で自分を幸せにする力」をつけるためには、自分なりの「幸せのツール」を持っておくこと。

私の母はとても心配性で、私の老後をいつも心配してくれます。好き勝手にお金を使い、楽しそうに遊んでいる私をみて「老後のために節約しなさいよ。本当に大丈夫なの？」といつも言っています。でも、そんな母に、私はこう答えるのです。

「私は私を、どんなときでも幸せにできる自信があるから」。

私は歳をとっても、今と変わらず幸せな毎日を送っていると思います。今と同じように、友人たちとお茶を飲みながら語り合い、発信したいことをブログに綴り、好きな本を読む……そうやって想像するだけで、きっと私の老後は楽しいものになるだろうと思えるのです。

「お金がなければ」「パートナーがいなければ」幸せじゃない……と思うのではなく、それ以外の「幸せのツール」を自分に用意しておきましょう。

先日セミナーの中で、参加者の方とそれぞれの幸せのツールを話し合った時、こんなにたくさんのツールが出ました。

・犬と遊ぶ
・漫画を読む
・ゆったりとコーヒーを飲む
・花を飾る
・ディズニーランドで遊ぶ
・家でご飯をつくる
・友人とランチにいく
・好きな香りの入浴剤でゆっくりとお風呂に入る
・太陽の光をたくさんあてた布団でお昼寝をする
・美味しいチョコレートを食べる

これって、そんなにお金がかかることじゃないですよね。
こうやってたくさんの自分なりの「幸せのツール」を用意しておけば、どんな時でも自分で自分を幸せにすることができます。

お金、パートナー、子供、安定した家庭、一戸建ての家……それらを持たなければ「幸せじゃない！」と不安になる人もいるけれど、私達にとって大切なのは、どんな状況でも楽しめる力、自分を幸せにする力なんだと思います。

あなたの「幸せのツール」は、なんですか？

そのツールを、ぜひ書き出してみてください。

あなたが今一番幸せになれる方法はなんですか？

以前、イギリスの有名なオーディション番組を見ていたとき、歌手になりたいという若い女の子が出てきました。彼女は幼いころに脳のガンに冒され、寝たきりになってしまったとのこと。

でも、彼女は言うのです。

「ベッドの上で、『今、この状態で、私が一番幸せになれる方法はなんだろう？』と考えたとき、その答えは大好きな音楽を聴くことでした。音楽にたくさん勇気づけられたので、私もその音楽で、たくさんの人を勇気づけたいと思ったんです」

私は、彼女のこの言葉を聞いたとき、まさにこれこそが「自分を幸せにする力」だと思いました。**どんな状況でも、自分が幸せになる選択肢を見つけていく。それができれば、環境や他人のせいにすることもなく、自分の幸せを自分で責任を持つことができるのです。**

この「自分を幸せにする力」と「人生を楽しむ力」はとても密接な関係で、**自分だけの〝幸せの選択肢〟をたくさん持っていれば、自分の人生を、より楽しむことができます。**そうすれば、自分が選んだ道を正解にできますよね。

あなたは、どうやって自分を幸せにしますか？

デトックスワーク②

「今の自分の基準」を見つめ直すレッスン

1 「理想の未来」とその未来を生きている「理想の私」を書き出してみましょう

※何かモノを買う時、「理想の私ならこれは本当に必要？」とここに書いた自分を想像し、自分の心に聞いてみてください。

2 あなたの「幸せのツール」はなんですか？

Chapter 3
手放せなかったものを手放して、しなやかで強い私になろう

イヤな仕事も
潔く手放していこう

本当の手放し上手になるために

ここまでは手放し上手になるために必要な考え方（第1章）と、**手放し力レベル1**の、単純にいらないモノを手放す方法とその基本的な考え方についてマスターしてもらいました。

みなさんも、具体的に身のまわりのモノを手放しはじめたことで、今の「自分の基準」を見つめ直せたでしょうか？

ここからの第3章、第4章では、いよいよ**手放し力レベル2**の、手放したいけれどなかなか手放せないものを手放していく方法と考え方を学んでいきます。

まずは第3章では、働き方を中心に、「ずっとやめたいと思っている会社」「本当はしたくないネガティブな考え方」など、普段から「手放したい！」と思い続けてはいるけれど、「不安」「もったいない」という気持ちから、なかなかその一歩を踏み出せないことについて、詳しくお話しましょう。

「いるモノ・いらないモノ」がわかるようになった今、手放したいものを潔く手放せるようになると、人生が本当に変わっていきます。

お給料はガマン料じゃない！

「好きなことを仕事にする」

「楽しいと思えることを仕事にしよう！」

私はこれまでずっと、そう伝えてきました。でも、「好きなことをするなんて、甘い！」「楽しいことを仕事にするなんて、本当にできるの？」といった声が、たくさん聞こえてくることもありました。

それもそのはず。**私たちは「お金をもらうこと＝大変で辛いこと」と思ってきたからなんですよね。**

先日、読者の方からこんな手紙をもらいました。

「佳実さんの本を読むまでは、仕事はガマン料、時間拘束料という価値観にどっぷりつかって生きていましたので、目からウロコが落ちたようでした」

お給料は「ガマン料」――そんな風に思っている方は、とても多いのかもしれません。仕事なんだからガマンしなきゃ。仕事なんだから辛くて当たり前……。

もちろん、好きな仕事、楽しい仕事をしていても、大変なことや辛いことがまったくないわけではありません。でも、それも**好きだからがんばれるし、乗り越えようと思えることばかり**です。

私もかつては、お給料を「ガマン料」のように思っていました。

でも、「好きなこと」を仕事にするようになってからは、好きなことをやればやるほど、好きな人たちが増えれば増えるほど、「好き」と言ってもらえればもらえるほど、仕事がますます楽しくなり、そのスケールも大きくなり、売り上げも伸びていきました。


「仕事」はガマンすることではありません。「仕事」は人生をより楽しむためのツール。

だって、仕事をまったくしない人生って、想像してみると、かなり暇だと思いませんか？

そうです。「仕事は人生の暇つぶし♥」くらいに思っていればいいのです。


「ガマンするほうが効率がいい」

「ガマンしているほうが楽」

と、現状を変えることにエネルギーを使うことが億劫と感じている方もいるかもしれません。

でも、**ガマンして、ストレスばかり感じていたら本末転倒です。**

自分の環境を変えるには、それ相応のエネルギーがいるので、ガマンは省エネモードで働きたいときには有効かもしれません。けれどもそれでは、やりがいや達成感とかを味わいにくいし、収入もなかなか上がらないのです。

あなたがもし、「ガマンをやめる」と決めたなら、常に自分を〝好き〟や〝心地よい〟で満たしておいて、美味しいものを食べ、睡眠をたっぷりとる。そうやって、エネルギーをたくさん出せる状態にしておくことをオススメします。

「好きなこと」「楽しいこと」を仕事にしていい。
まずは、そう自分に許可することからはじめてみてください。

自分が楽しくなるような働き方を選んでいいのです。
大変な思いをするのなら、好きなことのためにしましょう！

今の仕事の好きなところを見つけよう

好きなことを仕事にしようと思っても、

「すぐには仕事を変えられない！」

という人もたくさんいるでしょう。

そんなみなさんにまずやってもらいたいのは、**今、自分がしている仕事の「好きなところ」「苦手なところ」を書き出す**ことです。


これは、私が大好きなファッションでパーソナルスタイリストをしていたときによくやっていたこと。好きなことだけでなく、苦手なこともたくさんあったので、たとえばこんな感じで書き出していました。

《好きなこと》

・ブログを書く
・新しいメニューを考える
・セミナーを企画&開催する
・外部講師をする
・仲間と一緒に仕事をする

・お客様とお話をする

《苦手（嫌い）なこと》

・メール応対

・経理事務

・お客様に毎回同じ説明をすること

こうやって書いていると、自分の仕事の中には、

「好きなことが結構あるじゃん！」

と、うれしくなります。そして、**この「好きなこと」をする時間を、「苦手なこと」をする時間より長くする方法はないかと、考えるようになる**んですね。

私は会社員時代も、好きな仕事と苦手な仕事がありました。電話応対が結構好きで、電話が鳴ると即座に出るようにしていました。「好きな仕事」が多くなるということは、好きなことをしている時間が増えるということです。

苦手なのは、来客時にお茶出しをすること。お茶はまだしも、何人分ものコーヒー

を出すときは、こぼさないかといつも緊張して、「イヤだなあ」と思っていました。

でも、好きな電話応対をたくさんしていたら、同僚がそれを見て、

「電話で大変だろうから、お茶は私が出すね！」

と言ってくれるようになったのです。好きなことをしていただけなのに、苦手な仕事が減って、とってもハッピー♥

好きなことがわかると、どこにエネルギーをそそぐと楽しいのか、心地よいのかがはっきりしてきます。

だから、まずは今やっている仕事の中の「好きなこと」「苦手なこと」を書き出して、〝自分の好き〟を認識してください。

そうすると、新しい仕事をするときも、

「自分の好きなことが、たくさんできるような仕事にしよう！」

と考えることができます。

「好き・苦手」の認識ができていないと、また仕事を変えても場所やお給料などの条件だけで仕事を選んでしまい、「こんなはずじゃなかった」と後悔することも。

この書き出しは、とっても役立ちますよ！

「手放しの理想」で無理そうなことも解決！

「好き・苦手」の書き出しのあとは、「苦手なこと」の手放し方を考えます。

起業してから数年、私は、仕事に関することはすべて自分でやっていました。けれども、ビジネスが軌道に乗ってきた3年目くらいに、アシスタントの人にメール応対をお願いするようになりました。

そうすることで、**「苦手なこと」を手放せて、時間に「余白」ができ、自分の好きなことがもっとできるようになった**のです。

苦手な経理の作業は、個人事業主だったので、最初は自分でやっていた確定申告を税理士さんに任せたことで、1年に1回の大仕事から解放されました。

また、毎回同じ説明を、新しいお客様にしなければならないことも、パーソナルスタイリストの仕事をスタッフに譲ることで手放せました。

もちろん、「好き・苦手」を書き出してすぐに、これらを手放せたわけではありません。仕事を手放すのにはコツがあって、

①まずは「苦手（嫌い）なこと」を書き出したら、
②次に「どうやったら、それを手放せるか？」を書き出す。

「今すぐには無理……」と思っても、「こうしたら手放せるようになるかも」「手放せる可能性があるかも」という感じでアイデアをどんどん書いていきます。

この「手放しワーク」は、私の講座でもやりました。当時の受講生の中に、現在当

社の認定講師として活動している桜井香里さんがいるのですが、彼女は当時、手放したいことを「料理、掃除、家事全般」と書いていました。

そんな彼女に、私は、

「これを手放すなんて、無理〜って言うんじゃなくて、先に稼いでからプロにお願いしたらいいよ」

と言っていたそうなんです。私自身はあまり覚えていなかったのですが（笑）。そのとき、香里さんは、

「そんなの、佳実さんだからできるんだよ！」

と思ったそうです。


でも、それから2年が経ち、彼女はこんなことを言っていました。

「今、家事はプロにお願いして、すっごく楽チンだし、ピカピカになるし、最高です。生徒さんにも、『先に稼いでからプロにお願いして、手放しちゃえばいいよ〜』って、あのとき佳実さんが言っていたのと同じことを伝えています。そうすると、『香里さんだからできたんでしょ〜』って、以前の私と同じ思いを言われるんですよね」

そうなんです。最初は、

「こんなの、手放せるわけがない」

「無理だ！」

って、みんなが思います。イヤなこと、苦手なこと、心地よくないことは手放したいけれど、手放せないって。


でも、**今すぐにはできなくても「こうやったら手放せるかも」という「手放しの理想」を書いておくと、第2章で述べた「理想の未来」（71ページ）の場合と同じで、それが叶ってしまうものなのです！**

イヤイヤリストには〝好き〟が隠されている

〝自分の好き〟の見つけ方は、第1章でも説明しましたが、

「まだ、好きなことがわからない」

「何が好きなのか、考えても出てこない」
という人もいると思います。

そうした人は、**まずは「嫌いなこと」「イヤなこと」に的を絞って書き出してみてください。**それなら結構簡単に出てきたりしますよね。

イヤなことをリスト化していると、

「ああ、私の人生、やっぱりイヤなことばっかりじゃん」

と思えてきますが、それは違います。その**「嫌いなこと」の裏側には、「好きなこと」がちゃんと隠されているのです。**

そんな「イヤイヤリスト」は、それらを手放すための選択リストでもあるので、

「未来はもっとよくなる！」という可能性が見えてきますよね。

好きなことやりたいことがわからないときは、まずはイヤイヤリストをつくってみる。それを見ながら、

「じゃあ、私は、どうしたいんだっけ？」

「どうしたら、イヤじゃなくなるんだっけ？」

と考えてみましょう。

これまではきっと、仕事や日常でイヤなことがあっても、それを感じないようにしたり、ガマンしたりしていたはずです。それは、あなたがとてもいい人で、ガマン強いから。

でも、そうやって自分の感情を押し殺すことで、いつの間にか人生を楽しめなくなっていたとしたら、本末転倒ですよね。

イヤイヤリストは、楽しいことばかりの人生への片道切符。

今、

「なんだかパッとしない」

「楽しいこと、ないかなあ」

と、つぶやいている人は、ぜひこのリストをつくってみてくださいね。

〝自分のイヤ〟を認識して、それをどうなくすかを考えて行動する。すると、現実からどんどん〝イヤ〟が消え去っていくんです。

思いきってイヤなことはイヤと言ってみよう

先日お会いした方が、こんなことを言っていました。

「会社の仕事って、指示されたら絶対にやらなければいけないと思って、ずっと一人でがんばっていたんですが、キャパを超えて、とっても苦しくなってしまったんです。でも、できないって言えなくて……。『そう言われても、やってもらわないと困る』って、跳ねのけられるとばかり思っていたから。

そのうちに、本当にしんどくなってしまって、『仕事のやり方を見直してほしい』って上司に言ってみたら、状況をかなり改善してくれて。こんなことなら、ガマンしないで早く言えばよかったって、今は思います」

何度も言いますが、「自分さえガマンすれば、うまくいく」という考えでは、なん

の解決策にもなりません。

みんな、もうガマンなんてやめちゃいましょう。

可愛く「イヤ」と言える自分に♥

大事なのは「評価」より「私の気持ち」

今までがんばって得てきた成果や肩書き、ガマンして積み上げてきた実績を手放すのには、とっても勇気がいりますよね。

それが世間に評価されたり認められたりしているものだとしたら、なおさら。

「ちょっとくらい自分が辛いからって、ガマンしているからって、今の仕事の肩書きを手放すなんて、家族も悲しむし……」

と考えている人も、たくさんいるでしょう。

私は、もともとは結婚式の司会者として数年間仕事をしていて、1年以上先の指名をもらえるくらいになっていました。でも新人のころは、失敗して何度もプレッシャーに押しつぶされそうになり、所属先の事務所の社長に、

「もう、司会の仕事はやめたいんです」

と、泣きながら話したこともありました。

それでも、司会者として少しずつ成長しながら、数百組のカップルの司会を担当させてもらい、提携先の式場の方々の信頼も得られるようになっていました。


けれども**私にとっては、心から好きな仕事ではなかった**。

はじめはもちろん「すてきな仕事だ！」と思い、寝る間も惜しんで練習して、一人前になるまで、ものすご〜く努力したけれど、その仕事が好きで夢中になっている司会者仲間を横目に、同じようには夢中になれない自分に、

「私って、冷めた性格なのかな？」

なんて、思っていました。

そんなとき、ＯＬ時代からずっと憧れていた「自分のサロンを持つこと」「大好きなファッションを仕事にすること」を実現させようと思い立ったのです。ショッピングが好きだから、お客様のお買い物に付き添って、服を選ぶサービスをしようと。

それを話したとき、母は「何、それ？」と呆れ顔。

「それって、司会者をやめてまですること？」とも言われました。

母は、私が一人前の司会者になるために努力し続けていたことを知っていたし、指名をもらうためにがんばっていた姿も見ていたので、「司会者として、指名をもらえるまでに仕事も安定してきたのに、なんで⁉」と思ったのでしょう。

でも**私は、努力してきた時間よりも、まわりの評価よりも何よりも、自分の〝ワクワク感〟〝楽しさ〟〝心地よさ〟〝しっくり〟〝ウキッ〟、そして「やりたい」という気持ちを優先したかった。**

「本当にそれで、うまくいくわけ？」

いろんな人から、何度も何度もそんな言葉をかけられました。私だって、本当にうまくいくのかなんて、わからない。でも、やりたいからやる。ただそれだけ。

そのときの判断基準は、私の「やりたい」という気持ちだけでした。

とはいえ、司会業をきっぱりやめて、ファッションの仕事にシフトしたわけではありません。当時は司会を続けながらファッションの仕事をはじめ、その仕事が増えていくたびに、司会の仕事を少しずつセーブしていく形をとりました。

しかも、ファッションの仕事は個人事業なので、仕事量もその時々で変動します。少ないときは、やっぱり焦って、司会の仕事の営業をしたり、司会者の友人に、

「仕事があったら、ぜひ振ってね」

と、お願いしたりもしていました。

・女性起業家の第一人者になる

ファッションの仕事をすると決めたとき、私は、

・モデルの梨花さんのようなスタイルブックを出すこと、理想をノートに書いていたことを、今でもよく覚えています。
だから今、私は、自分で決めていた「理想の未来」に導かれたのだと思うのです。

実際に、司会の仕事を完全に手放したのは、本を出版したとき。起業してから5年が経っていました。

一人で起業するというこのスタイルは、世間体やまわりの目を気にしていたり、失敗したくないと思いすぎていたらできない働き方でした。でも、私は世間の目よりもうまくいくという保証よりも、「やりたい」という気持ちを優先しました。その気持ちに従って動いた結果が、今につながっています。


自分の「やりたい」を無視しない。

今やっていることと並行してでも、もちろんいい。

とりあえずやってみる。

そうすると、自分の本当にやりたいことがわかるようになるんです。

本業の仕事を手放すときはいつ？

私以外にも大きなものを手放した人たちがいるので、ここで紹介しますね。

一人目は、いろいろな起業家の秘書を務めるパーソナルアシスタントのYさん（34歳）。彼女は現在、私のアシスタントも務めてくれていて、5年以上前の講座の受講生でもありました。

彼女は当時、すでにパーソナルアシスタントとして活動していて、日本人なら誰もが知る大手企業の正社員でしたが、そのころの行動は慎重でした。いつかは、その職一本で活動したいとは思っていたけれど、それがいつかはわからない。本業を手放し、優良企業をやめるのは不安だから、今は決めきれない……。そんな中で、2〜3年副業として活動していたとのこと。

そうこうしているうちに、クライアントも増え、副業だけでも生活していけるよう

になり、

「本業を手放すのは、今だ！」

とはっきり思ったそうです。

「今なら、大丈夫」

と、ようやく安心できたのですね。


彼女からこの話を聞いた数カ月後、同じような境遇の女性からも話を聞きました。

このAさんは40歳。誰もが、そこをやめるのは「もったいない！」と口をそろえて言うような大企業の正社員です。

彼女は一人で起業するスタイルに憧れ、本業のプレゼンでよくつくっていたパワーポイントの資料を、セミナー講師用に作成する仕事をはじめました。いつかはその仕事一本にしたいと思っていたそうですが、やはり会社をやめてしまうのは不安に感じていたとのこと。でも、副業をはじめて1年半が経ったころ、

「今だ！　今なら大丈夫」

と思えたそうです。

「決心したらすぐに手放して、新しいことをする！」
そういうやり方もあるでしょう。けれども私たち女性は、不安を感じすぎると、そのプレッシャーから前に進めない、ということもよくありますよね。

だから彼女たちのように、**並行して新しいことをはじめ↓軌道に乗せて↓「今なら大丈夫」と安心できたら↓本業を手放す――そんなやり方でもいいのです。**

手放したいけれど不安……。そんなとき、多くの人は、
「じゃあ、やっぱり手放せないな」
と諦めてしまいがち。でも彼女たちは、目先だけを見て「無理だ」と結論を出すのではなく、新しい道を一歩ずつでもしっかり歩むことで、「安心して手放せる」段階にたどり着けたのです。

あなたが今日からできそうな「はじめの一歩」はなんですか？

・「会社をやめて、こんなことはじめたいんだ」と人に話してみる。

・働きたい会社や場所が海外なら、国の事情を調べてみる。
・すでに理想の働き方をしている人のブログを読んでみる、など。
なんでも構いません。今すぐにできることを書き出してみましょう。

現在できることを、確実に行動に移し続けることが、理想を叶えていくための最短ルートです。

副業禁止でも「好きなこと」をはじめられる

「仕事を手放すにも、そもそも会社が副業禁止で、何もはじめられない人は、どうしたらいいの？」
そんな疑問が湧いてきた人もいるかもしれません。

当社の認定講師で、以前は地方公務員だった水野まほこという女性がいます。彼女はすごいキャリアの持ち主なのですが、無機質なお役所の環境が自分には合わないと、ずっと違和感を抱いていたとのこと。そんな中で、私の半年間の講座を受講しながら、一つひとつの宿題をこなし、「自分の好きなこと」を少しずつ日常に取り入れていったそうです。

私は受講生に、たとえば**理想の1日を「朝、何時に起床する」というところから詳しく書いてもらい、それを実践する**ことを宿題にしています。それを受けて彼女は、

「思いきって有給休暇をとり、平日の昼間に百貨店に行き、カフェでお茶をする」

を実践。その結果、

「平日の昼間って、こんなに空いているんだ！　すっごく快適～!!」

と思い、それを日常にしたいと強く感じたそうです。理想の先取りですよね。

実際に職場で有休を申請したときは、

「ここで有休を使っちゃって、体調が悪くなったりしたときに、日数が足りなくなっちゃったら、どうしよう……」

と、ものすごく心配になったとのこと。でも、「えいっ！」と休みを取ったことで、信じられないような満たされた気持ちになれたそうです。

彼女はとても心配性で、講座を受けていた当時は、SNSやLINEに登録することはおろか、ネットでクレジットカードを使うのも恐く、いつも代引きを利用していたそうです。

だから、講座の同期たちがブログなどでどんどん発信し、セミナーなどを開催しているのを横目で見ながらも、重い腰がなかなか上がらなかったと言っていました。

でも、講座で出された宿題はきちんとこなして、**マイペースに「自分の本当にしたいこと」に取り組んでいました。**

彼女が自分のペースでやっていたことは、次のとおりです。

・職場のデスクをお気に入りで満たす。ボールペンも支給されるものじゃなく、お気に入りのキラキラのペンに替える。
・お昼の時間は、コンビニで買ってきたお弁当などをかき込むのではなく、「ここ、いいな♥」と感じられるお店で、ゆっくりランチをとる。
・会社で名刺交換する時も、「私は個人事業主♥」とイメージして交換する。
そうやって自分自身を満たしていたら、違和感があった職場でも、どんどん立場がよくなり、外国の大臣との直接的な交渉も任せられるようになったそうです。

彼女はそのほかにも、
・ニックネームを使ってブログで自分の思いを発信する
・友人にモニターになってもらう
・同期とセミナーを共同で開催し、自分はお金をもらわないようにする
など、**副業にはならないような形で、どんどん行動し、職場をやめるときに、ある程度のノウハウを身につけているようにした**そうです。

みなさんの中にも、いろんな理由で副業ができない人はたくさんいると思います。
けれども、
「会社が副業禁止だから、何もできない」＝「〇〇だから、できない」

と、すぐに諦めてしまうのは、すごくもったいない！

どんな状況や環境でも、「どうしたら、やりたいことができるか？」を考えて行動する力が身につくと、いろんなことをスルスル叶えられる自分になっていきます。

この「できない」を「できる」に変える変換力は、**手放しにくいものを手放すときにも、大いに役立ちます。**

今は「できない」「手放せない」ことも、「どうやったらできるか？」「どうしたら手放せるか？」と、ゲーム感覚で考えられるようになると、未来が開けて自分がどんどん変わっていきますよ！

「理想の1カ月」を立てて、人生を変えていく

あなたのスケジュールは、ギュウギュウに詰まっていませんか？

時間も私たちの大事な持ちものです。それも、私たちに与えられたフェアな持ちもの。減らすことも、増やすこともできません。だからこそ、「時間の使い方」は、とっても大切です。

この平等に与えられた時間を、「幸せ」や「楽しさ」でいっぱいにするのか、「辛さ」や「苦しさ」でいっぱいにするのかは、自分自身にかかっているのです。

第2章でも、「理想の未来」の話に触れましたが、ここではもっと具体的に、あなたのスケジュールを見てみましょう。

①手帳を開き、直近の1カ月を見ます。

それを俯瞰すると、どう感じますか？

「うわあ、楽しいことがたくさんあるな！」

「毎日、辛いことばっかりだ……」

いろいろな感想がありますよね。

②次に、あなたの「理想の1カ月の予定」を立てて、ノートに書いてみましょう。

理想の1ヶ月を〝楽しい〟で埋め尽くそう

2020.7　JULY

S	M	T	W	T	F	S
			1	2 勉強会①	3 勉強会②	4 サトちゃん誕生会
5	6 母上京	7 藤沢七夕	8 鎌倉散歩	9 旅行のチェック	10	11 ♡
12 おやすみ	13 ←ヨーロッパウキウキ旅行 成田発	14 ロンドン	15	16	17 パリ	18
19	20	21 スイス	22	23	24 → 成田着	25 ♡♡
26 おやすみ	27 ←連絡会議	28 →	29 ←大阪出張	30	31 →	

何か手頃な紙でも構いません。横7マス、縦5マスの表をつくって、1日から31日まで、「こんな1カ月だったら最高！」というのを書いてみましょう。

私の場合は、2週間区切りで、この「理想のスケジュール」をつくっていました。以前、私は個人事業主だったので、自分の目標とする売り上げから、どれくらいのペースでどういうメニューをどれだけやればいいのか……ということを、あらかじめ、スケジューリングしていたんです。

これをやっているときは、

「こんな風に働けたら、最高！」

と思いながらやるので、いつもワクワクし

ていました。


ワークショップに参加してくれているみなさんにも、このワークをしてもらったことがあります。たとえば会社員の方は、自分の実際のスケジュールを見て、

「ここ、もうちょっと自由に休めたらなあ。土日まで働きすぎかも！」

ということが見えてきて、

「本当はこういう働き方が理想だな‼」と、ワクワクしながらみなさん書いていました。


このワークで印象的だったのは、公務員の方の言葉です。

「私の職場って、福利厚生がすごくしっかりしているし、やめるなんて絶対にもったいないって思っていたし、まわりからもそのことをすごく言われるんです。けれども、毎日がとても窮屈に感じていて……。


でも考えてみると、福利厚生って、いざというときのもので、毎日のことじゃないですよね？　いざというときの保険と、自分の毎日の生活……。優先したいのはどっ

ちだろうと自分に聞いたら、やっぱり私は、毎日を心地よく過ごしたいって、はっきり思えたんです」

現実のスケジュールと、理想のスケジュール。その差を明らかにして、今、手放すものを考えてみる。

・手放すのは、今の会社なのか
・「休んじゃダメ」という自分の思いなのか
・「実働日を減らして単価を上げたい」と思っている自分なのか

いろいろな思いがあるでしょう。

今、自分が「手放すもの」「残しておくもの」「新たに必要とするもの」――それらを自分の日常にリアルに落とし込んで考えたとき、見えてくるものがたくさんあるはずです。

ぜひ、考えてみてください。

失敗は私の人生の「宝物」♥

「失敗したらいけない！」

「失敗しないようにしなくっちゃ……」

これまでそんな風に思って生きてきた人は、結構いるかもしれませんね。でも、実は私たちは、失敗したほうがいいのです。

あなたらしく間違えよう、失敗しよう。

それが「私のスタイル」になるのです。

アメリカでは、事業を興すお金が必要なとき、日本のように銀行から融資してもらうことはあまりなく、投資家にお金を出してもらうのが一般的です。その投資家がお金を出す価値があるかどうかを見極める際に、起業家にこんな質問をするそうです。

「あなたの人生の中で、一番大きな失敗は？」

それは、「失敗をしていない人間は信用できない」ということ。**失敗をたくさんしている人は、それだけ自分で行動し、経験しているということ**なんです。

私は以前から「失敗は情報」と言っていて、失敗することで、自分の経験値は上がり、自分専用のかけがえのないデータになると伝えてきました。でも、アメリカの投資家の話を聞いたとき、

「いや、**失敗は情報どころか〝宝〟だよ！　財産だよ!!**」

と思いました。

あなたは、これまでどんな失敗をしてきましたか？

失敗が思い当たらない人は、今からでも遅くありません。どんどん失敗して、自分だけの「宝」「財産」を、たくさん増やしましょう。

そうです。「失敗したくない」を潔く手放して、行動するのです！

心の強い人ほど「ポンコツな自分」をさらけ出せる

肩書きや成果はもちろん大事。でも、それに執着しすぎると、逆に苦しくなるもの。私がこれまでに出会ってきたすてきな成功者たちは、自分のダメなところ、ポンコツな部分を、あっけらかんと話してくれる人ばかりでした。

そうなんです。**自分を信じている人ほど、ダメな部分を潔く人に見せることができる。**それは、

「私はダメでも、ポンコツな部分があっても大丈夫！　ちゃんと愛されているし、自分には価値がある」

と思っているから。

逆に、「ちょっと自信がないのかな？」という人ほど、片意地を張って自分を大きく見せている人が多い。ダメなところがある自分には価値がないと思っているから、

鎧を着けているかのように肩書きや成果を掲げて、自分を大きく見せなければならないんですね。

それを聞いて、私は感動で涙があふれました。

「自分自身を「木」に例えてみてください。人は、本当の自分、つまり木でいうところの幹の部分だけじゃ足りないし、価値がないと思って、いろんなオプションをペタペタつけて、すごい自分になろうとしている……。自分の努力や成果で葉っぱがついたり、花が咲き誇ったりはするけれど、それがたとえ落ちたとしても、〝私〟である幹は立派で、価値があるのです」

もちろん、努力の上に咲き誇った花は、みんなが褒めてくれるし、自分もうれしい。でも私たちは、その花がなくなったら、「自分にはもう価値がない」と思い込み、花が落ちないようにしたり、それが落ちてしまえば偽物の花をつくって着飾ったりもする……。そんな風に「自分の価値」を苦し紛れに取り繕ってしまうことがあるんですね。

私という幹は立派で価値がある

花や葉っぱが落ちても
木の価値は変わらない

私たちは、花も葉っぱも何もついていない、「ありのまま」でも価値がある。そう自分を認めてあげられれば、無理に大きく見せたり、弱さを隠したりしなくてすむでしょう。

「自分自身」を認めることができると、手放すことが恐くなります。だって、オプションをつけなくても、「すごいんだぞ」と見せなくても、私が私でいるだけで価値があるのですから。

弱さを見せられる——そのことこそが、本当の強さなのだと、今、実感しています。

仕事を変えるのは「悪いこと」じゃない

日本人は、「長く同じことを続けることが大切」と考える傾向があるようで、「転職を繰り返す」ことに、ネガティブなイメージを持つ人が多いですね。

以前の私は、一つの仕事を長く続けることはいいことだと頭ではわかっていても、転職を何度も繰り返していました。アパレル販売員からはじまり、携帯ショップ店員、会社員を5年したのちに寿退社し、司会者の道へ。そこからパーソナルスタイリストとして起業し、起業コンサルタントになり、本を書き、経営者の道へ……。今もなお、新しい事業にトライし、業態もどんどん変えています。

でも、これまでやってきた仕事の一つひとつが貴重な経験となり、私にとって無駄なことはありませんでした。

アパレル販売員をしていたころに、たくさんのお客様に似合う服を見ていたからこそ、パーソナルスタイリストの同行ショッピングをスムーズにはじめられたし、携帯ショップにいるときは、「お世話になっております」という言葉も知らない私に、社会人の基礎を教えてもらいました。

また、5年間の会社員経験は、今、私がみなさんに伝えている「ＯＬからの起業」の原点をつくってくれたし、司会の仕事をしていたからこそ、何百人もの前で講演をしても、もの怖じすることがありません。

仕事を変えることは、決してネガティブなことではなく、「仕事をバージョンアップさせている」と考えたらいいのだと思います。

また、3年前にしっくりしていた仕事が、今も同じように感じるとは限りません。

「今の自分に〝しっくり〟しているか」ということも仕事を変える上で大事なこと。

会社をやめるだけでなく、社内の人事異動時期に、自分がしっくりする仕事を志望してバージョンアップする方法もあるでしょう。

肩書きや成果にとらわれず、自分の〝しっくり〟で仕事を選べるようになれば、働くことがもっともっと楽しくなりますよね。

憧れの職業を副業としてはじめてみる

最近は、政府が副業解禁の政策を発表し、大企業の一部ではその動きが出はじめて、以前より副業をしている人を多く見かけるようになりました。

とくにモデルやライターなど、これまで憧れだった職業を副業にする人も多いようです。インスタグラムに自分の写真をアップし、「フリーモデル」と肩書きをつけ、「お仕事のご依頼はこちら」と、リンクを貼っておけば、「この人にモデルをお願いしたいな」というお店やブランドから連絡がくることだってあるのです。

これは、大金を支払って有名モデルにお願いするほどの話ではないけれど、**「モデルさんに依頼したい」という人と、「モデルをやってみたい」という人とをつなげる**

win-winのシステムですよね。

モデルといえば、以前は女性の憧れの職業で、雲の上の存在の人しかなれないというイメージだったものが、今では自分が「私はモデルです」と名乗ればなれる時代。これはモデルだけでなく、ライターやデザイナー、カメラマンなども同じですよね。以前は大きなメディアに属していたり、コネクションがあったりしないとできなかった職業が、インターネット時代では、簡単に挑戦できるんです。

私も、映画『セックス・アンド・ザ・シティ』の主人公キャリーにとても憧れていたので、「ライターになりたい」と、ずっと思っていました。でも、

「ライターって、どうしたらなれるんだろう？」と、そのときの私には、まったくわかりませんでした。

あれから15年以上が経ち、今のこの時代に私が「ライターになりたい」と思ったら、すぐにインターネットで自分の文章を世界中の人に読んでもらえます。「選択肢がたくさんあるなあ」と思います。

そうした憧れの仕事は、今すぐに本業ではじめる必要はありません。思い立ったらインターネットやSNSでできることなので、まずは副業ではじめましょう。

先日、私が審査員をさせてもらったモデルさんのコンテストも、〝複業〟モデルを選ぶものでした。この〝複業〟という字は、今携わっている仕事が「本業」で、モデルが「サブの副業」ということではなく、どちらも本気のエネルギーをかけてやる仕事という意味で使っているとのこと。「複数の本気の仕事を持つ」って、なんだかとってもすてきですよね。

働き方も多様化する時代。一つの会社を勤め上げることも立派だけど、働き方の選択肢はほかにもたくさんあります。あなたが本当に〝じっくり〟くることは、今のあなたが考えていることの外にあるのかもしれません。

だからあなたの〝じっくり〟を見つけるために、働き方や生き方の選択肢をもっともっと増やしていきましょう。それには、次項でも詳しくお伝えしますが、いろんな人の働き方や生き方をサンプルとして「知る」ことが大切です。そうすることで、あなたの未来はもっともっと広がって、より具体的になっていきます。

「好きなことで起業する」という働き方を提唱する中で、私は**「フェード・イン・フェード・アウト」**をオススメしています。

これは、**今の仕事を続けながら、少しずつ好きなことを仕事にしはじめて、その比重を逆転させていくこと。**

今の仕事をやめて、「好きなことに一気に全力投球！」もいいけれど、経済的にも精神的にも不安定になりますよね。また、意気揚々とはじめた「好きなこと」が、本当にうまくいくのかどうかもわかりません。

だから最初は、自分へのお試し期間と思って、徐々にはじめていくことをオススメします！

「知る」は「叶える」につながっていく

先日、ライターのBさんと話していたときのことです。

「今後、どのようにお仕事をしていきたいか、というような希望はありますか？」

と、私が聞くと、

「それが……、とくになくて。ライターって、とりあえず依頼された仕事をこなしていくしかないので、こうしたいっていうのが、思い浮かばないんですよね」


ふむふむと聞いて、別の話題になったときに、私は知り合いのライターCさんのことを何気なく話しました。

「大手出版社で雑誌の編集をしていた人で、今はフリーのライターさんなんですけど、ハワイ島に行ったり、秘境に行って取材したりと、ものすごくフットワークが軽いんですよ」

いろんな人の生き方を参考に

すると、数分後にBさんが、

「私、Cさんみたいなライターになりたいです！　自分が感じたことを、もっと文章にしたいし、それを海外に体験しに行きたい。そういう働き方があるってわかったら、そうしたいって、明確に思いました！」

と、目をキラキラさせながら話してくれたんです。

そのとき、私は思いました。**サンプルがあれば、人は理想をもっと具体的に描ける**んだと。今自分が考えられる範囲では、

「こうするしかない」

と思っているけれど、ほかの選択肢を知ったとき、「それもできるんだ！」と、目の

前に突然道が開かれたような、世界が広がった感覚になるんですよね。

でもこれは、本当に偶然出くわす選択肢なので、アンテナをちゃんと張っておかないと、聞き逃してしまうかもしれません。

自分の理想の世界を広げ、具体化するために、情報には常に敏感になって、「知る」ことの大切さを意識していきましょう。それは、自分を幸せにする選択肢を増やしていくことにもつながるのです。

理想は「ボヤーッ」と描かない

理想がなかなか叶わない人の特徴として、

「理想をボヤ〜〜ッと描きすぎ！」

というのがあります。

前述のライターBさんにも、私はすぐに、こう伝えました。

「**理想ができたのなら、それをすぐに具体的にイメージすると、早く実現しますよ**。たとえば『世界中をまわって』ということであれば、『この国にどれくらい滞在するか』『この場所で、こんな文章を書く』といった、**ワクワクする未来をどんどん具体的にイメージにするん**です」

その内容は、あとで変わっても何も問題はありません。**自分のこととしてできるだけ早く、リアルに考えるクセをつけると、理想はどんどん現実に近づいていきます**。

「だいたいこんな感じで、こうなったらいいなあ」ではなく、たとえば、

「この場所で、こんな生活をする！」

「こういう働き方をする！」

「この人に会って、インタビューする！」

というくらい、ワクワクを具体的にイメージしていきましょう。

そして、**それを少しずつ行動に移していくことです**。

「この国を旅しながら取材して、文章を書きたい」というのなら、実際に仕事の依頼がきていなくても、そこを旅行してみて、ブログでもなんでもいいから、とりあえずそれを形にしてみる。**最初から「理想を現実にすること」を一気に目指すのではなく、自分で実現できる本当に小さなことから、叶えていく。**

その行動が、大きなミラクルを呼び起こしてくれるのです。

「やりながら調整する」が手放し上手のカギ

当社のセミナーには、個人セッション、グループ講座、オンラインのセッション、継続する講座と、いろいろなコースがあります。先日、当社の認定講師たちと話していて、一人ひとりの〝じっくり〟の違いを改めて感じました。

「私は個人セッションだと、1対1だから、どうしてもこの人をなんとかしなきゃ、という思いが強くなってしまい、やっていると苦しくて……」

「グループ講座だと、みんなが私の話を本当にちゃんと聞いてくれているか不安になります。打っても響かない感じがして、個人セッションのほうがやっていて楽しい」

「オンラインの講座だと、世界中の人とつながれるから、すごくいい」

「私はリアルで会わないと、エネルギーが入りにくくて……」

それぞれの〝しっくり〟くるものが、全然違ったのです。

私は多くの方から、

「結局、どんな仕事どんなやり方が上手くいきますか？」

ということをよく聞かれますが、講師たちの例と同じく、それは人それぞれなので、その人自身がやってみて答えを出さなければ、わかりません。

私の場合も、最初は個人向けのファッションコンサルタントの仕事からはじめて、本当に好きなのはビジネスやマーケティングかもしれないと思い、起業コンサルティングをしているうちに、1対1でセッションをすることにしっくり感じなくなってきました。

そこで、講座で教える人数を増やしていこうと、受講生を3人、5人、10人、20人、50人……と増やし、今では400名の前で講演するようになりました。

こうして経験を積んでみて、結果的に私の場合は、今は多くの人に話をするのが一番心地よいと感じています。でもこれも、大勢に話をしていると相手の反応を確かめられないので、

「みんな、本当に聞いてくれているのかな？」

と、不安になる人がいてもおかしくないですよね。

どのように仕事をすれば心地よいのか、どうなると違和感を持ったり苦しくなったりするのか、これもやってみないとわかりません。その実験は、今を生きているあなた自身が被験者にならないと、できないのです。

だからこそ、やりながら調整♥
なんでも試してみるつもりで、軽く踏み出しちゃいましょう！

たくさんのことを軽くやってみては、その都度手放して、またやってみては、手放

して……を繰り返したからこそ、私の中には、ブログを毎日、本を何冊も書けるくらいたくさんの「データ」がストックされました。

そのおかげで、みなさんからのどんな質問にも、ある程度はお答えすることができます。そして現在は、

「こんなのもあるし、こんなこともできますよ！」

と、一つひとつの質問に対し、たくさんの選択肢を示すことで、みなさんの悩みにお応えできればと思いながら、日々の仕事をしています。

「きっと、こう思われるはず」は思い込み！

先日、私の海外ツアーに参加してくれたSさんから、メッセージが届きました。

２０１８年に私は、10月にニューヨーク、11月にハワイと、２カ月連続で海外ツアーを催し、彼女はその両方に参加してくれたのです。

「そんなに時間があるなんて、仕事をしていないの？」

と、みなさんは思いますよね。でも、彼女は有名企業で営業の仕事をする会社員です。

そんな彼女に、私も、

「よくお休みを取れたね」

と、ハワイツアーのときに聞くと、彼女は笑顔でこう答えてくれました。

「佳実さんの本を読んで、やりたいことをやろうと思って。それが旅行だったんです。だから、国内を含めて、今年はもう6回も旅行してます！　**「こんなこと実現できない」と思い込んでいたのは、ほかの誰でもない私自身**で、会社にちゃんと言えば、休みだって取れたんです！」


その後、彼女はこんなメッセージも送ってくれました。

――佳実さん、今私は、ヨーロッパのマルタ島に一人で来ています！　昨年、ニューヨークツアーに参加したときは、一人で海外に出るのが不安で怖くて、直前になってやめたいと思うくらいでした。でも、あの経験をきっかけに、「私は意外となんでもできるのかも」と思うだけでなく、実際にそれを〝体感〟できて、今回はあまり不安もなく、すごく満たされた旅になっています。

今、夢だった海外のカフェで、いろんなことをノートに書き留めることも実現できて……。あまりにもあっさり夢が叶ってしまい、びっくりしているところです。ニューヨークとハワイのツアーをきっかけに、私の人生は動き出しました。

そして、今回のこの旅で、**やっと手放せたことがあります**。**それは「他人の目に引っぱられるのをやめること」**。頭ではわかっていても、やっぱりどこかで振りきれない自分がいたんですね。でも、今回は「人にどう思われても、自分がどうしたいかを最優先する」と決めて、全部一人で行動してみたんです。

ちょっと怖かったけど、思いきってゴールデンウィーク明けの週も1週間休みを取ってみました。そうしたら、

「ほかの人にどう思われるか以上に、私がどうしたいかを大切にしたい」という自分の本音も知ることができ、不思議なことに、他人の目があまり怖く感じなくなったんです。

うまく言えませんが、**「人にどう思われても、自分の価値に影響はない」ということがわかった**というか……。この心境の変化が、私にはめちゃくちゃ大きくて、今ならなんでもできそうな、無敵モードです！――

このSさんの手紙を読んで、みなさんはどう感じましたか？


「たぶん、人はこう思うはず」

「私のこと、きっとこう思っているはず」

ということに気を取られて、自分のやりたいようにできない人はとても多いでしょう。

でも、そんなときこそ、自分に集中です。

自分のやりたいことに集中。

自分の思いに集中。

「人にどう思われるのか」ではなく、「自分がどうしたいか」をちゃんと考えてみる。

そして、それに向かって、少しずつ行動してみる。


そうやって、心の声を聞いて行動していると、自分が〝理想〟を叶えていっている

ことに気づいて、
「あれ？　私は自分の理想を、ちゃんと叶えているじゃん♥」
って、実感するんですね。そうすると、人がどう言うか、人にどう思われるかが、本当に気にならなくなるんです。

Sさんの言う「**無敵モード**」とは、**他人が敵にならないくらい自分が強くなったという意味ではなく、「そもそも自分には、敵がいない」ということ。**自分に集中していると、他人と比べたり、闘ったり、人に認められたりする必要がなくなるのです。

自分のことは自分が認める。自分に集中することで「無敵モード」に♥

マイナス志向の「謎の思い込み」を手放そう!!

Sさんのように、私たちは誰に言われたわけでもないのに、自分の中だけで、

「こうなるはず！」

「こうあるべき！」

と思い込んでいることが、結構あります。

この本の「はじめに」でも述べたように、**「思考は現実化する」と言われていて、そうした固定観念が、今生きている現実をつくっているのです。**

だからこそ、そのマイナス志向の「謎の思い込み」をどんどん手放していきましょう。ここではまず、仕事に対する「謎の思い込み」を手放します。私がブログで、

「謎の思い込みはありますか？」

と質問したときに、読者のみなさんが書いてくれたものをここにあげてみました。みなさんも、一緒に考えてみてくださいね。

・ガマンしてがんばらないと、お金はもらえない（楽して稼いではいけない）

・努力すれば報われる（努力しなきゃ成功しない）

謎の思い込みはいらない

- 長時間働かないとお給料は上がらない
- 下積みをしないと成功しない
- 特別な才能がないと売れない
- 運や人脈がないと成功しない
- 私はそんなに稼げない
- 専業主婦はお金を稼げない
- 私は好きなことを仕事にできない
- 私には今の仕事しかない
- 夢はそう簡単には叶わない
- プレーヤーよりマネージャーのほうがいい
- 仕事は楽しんじゃダメ
- 好きな仕事をしているんだから、お給料は少なくてもいい
- 経験や資格がないから起業できない

・値上げしたらお客さんは来なくなってしまう
・アラサーの私にはファンがつかない
・国内でしか働けない
・贅沢はしちゃいけない。節約しなければならない
・節約しないとお金は貯まらない

どうでしたか？　みなさんの思い込みは、結構な重量ですよね。私たちは、こうした自分に対するマイナス志向の思い込みを、知らず知らずのうちに抱え込んでしまっているのです。

そう、**これこそが自分の思考が「ファット状態」になっているということ。**重い思考って、なんだか可愛くないですよね。可愛く「ルルル♥」と軽い思考でいられるように、こういう「重〜い思考」は、どんどん手放していきましょう！

「これって、自分が思い込んでいただけなんだ！」と気づけたら、次は、

「この謎の思い込みを手放すぞ！」

と、まずは決めましょう。「決める」といっても、意識してそう思うようにしたり、ノートに書いてみたりするだけでいいんです。意識的に行動してみましょう。

知らないうちに思い込んでいたことにスポットライトを当て、「これを手放すぞっ！」と意識するだけで、そのマインドは少しずつ溶けてなくなり、最終的にそれを手放すことができます。

いきなりはむずかしいかもしれません。それでも、理想を現実にするときと同じように、**少しずつ、**

「あっ、また思い込んでいた」

と確認しては、

「手放すぞ！」

と意識し直すことを繰り返す。そうすることで、マインドをどんどん軽くしていきましょう。

思考は、深く長く思っていること、考えていることがより実現しやすくなります。

だからこそ、自分の考えていることを意識して、不安や悩み、謎の思い込みが出てきたら、一つ一つ「ポイッ」と捨てて、楽しいことワクワクすることを考えるようにしてみてください。

私は夜、寝る前などに考えごとや不安なことを思ったりしてしまう前に「明日、何食べよう♥」とワクワク考えるようにしています。

さあ、次章は、同じく**手放し力レベル2**の人間関係編です！

デトックスワーク③

自分の「やりたい・やりたくない」を見極めるレッスン

1 自分の仕事の「好きなこと」「苦手なこと」を書き出してみましょう

2 苦手なことをどうやったら手放せるかを考え、「こうやって手放せたら最高♥」ということをワクワクしながら書いてみましょう

3 【イヤイヤリストを作ろう】
嫌いなこと、いやなこと、やめたいことを書いてイヤイヤリストをつくろう。

リストにあげた一つ一つについて、「私はどうしたいんだっけ？」と自分に問いかけその答えも書き留めておこう」

Chapter 4

「捨てられない」を捨てられる私になろう

今の私にしっくりくる関係をはじめよう

恋愛は自分の基準を持つとうまくいく♥

私は、本を読んでくださっている方からも質問をたくさんもらいます。その中でも多いのは、「恋愛」に関するものです。

私の専門は「働き方」で、恋愛マスターとは決して言えず、素人同然。でも、この恋愛やパートナーシップについての考え方も、仕事や理想を現実にすることと同じだと思っていて、「愛されテクニック」などをとくに持ち合わせていなくても、パートナーシップはほぼ良好です。

先日、こんな質問がありました。

「私はいつも『二番目の女』になってしまいます。どうしたらいいですか？」

私が恋愛で大事だと思うのは、まずは「自分の心地よい状態」を考えること。

自分は彼にとっての一番になりたいと思っているのか、それとも今は仕事やほかのことが忙しいから、二番目が心地よいと感じているのか――**自分が本当はどう思っているのかを、ちゃんと認識することが大事**なんです。

そして、**「自分にとって一番心地よいパートナーシップ」がわかったら、今度は自分の中で「そうなる!」と決める。**

もし、心地よい関係じゃないのだとしたら、その状態を変えるか、今の彼を手放して、新しい人と心地よい関係を築くのかを決めます。

私が尊敬する本田晃一さんが、モラハラの旦那さんとの関係に悩んでいた女性に、このようなアドバイスをしていました。

「自分が愛されて幸せになるのだとしたら、相手はその旦那さんでも、新しい恋人でも、どっちでもいいんだよね。だったら、とりあえず、夜ベッドに入ったら『私は愛されて当然』って、つぶやきながら寝てごらん」

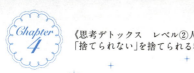

毎日それを実行した質問者の方は、

「私は愛されて当然の存在なんだ！」

ということに気づき、自分を大切にしてくれないモラハラ旦那さんにきっぱり別れを告げ、今は彼女のことを心から愛してくれる新しい恋人と、幸せな毎日を送っているそうです。

まずは欲しいものを見極め、

「私は欲しいものを手に入れて当然♥」

と、自分を認めることで、それまでなんとなく不安だからと握りしめていたものを、

「私は大丈夫！」

と手放せるようになる。


そうすれば、心から安心できるし、それまで戸惑っていた行動も、スルリとクリアでき、本当に欲しいものがなだれ込んでくるのです。

みなさんも、今一度、自分の心地よいパートナシップの形を考えてみましょう。そしてあなたが取り戻した「私は欲しいものを手に入れて当然♥」という思いを胸に、**「今、私が握りしめているものや、人間関係は、本当に必要なものだろうか？」**と考えてみる。そうすると、自分が真に求めているものが見えてくるはずです。

人間関係もデトックスしていい

人間関係に悩んでいる人は、たくさんいますよね。でも、考えてみてください。

その人間関係は、本当に必要でしょうか？

その人たちと、必要以上に仲良くしなければならないのでしょうか？

みんなと仲良くしなければならない——そんな風に言われて育った私たちには、友人関係を変えること、その関係をなくすことをとても恐れているところがあります。

でも、**自分が心地よくないと思ったら、人間関係もデトックスしていいのです。**

人生の時間は有限です。だとしたら、自分が心地よい人や一緒にいて楽しい人といる時間を増やしたほうがいい。限りある時間を、心地よくない人、楽しくない人と一緒にいるのは、時間の無駄と言ってもおかしくありませんよね。

一緒にいて心地よくない、楽しくないと感じるのも、誰が悪いということではありません。ただの相性です。ショートケーキが好きな人もいれば、チョコレートケーキが好きな人もいる。甘い物自体が嫌いな人もいる。好き嫌いが人それぞれなように、人間関係だって、人それぞれ。

それなのに、交友関係だけ、

「みんなと仲良くしなければならない」

っていうのは、大人になっても、

「嫌いなものも、全部ガマンして食べなさい！」

と、誰かに言われているのと一緒です。子どものころは、そう言われて育ったけれど、大人になれば、好きな物を食べる自由はありますよね。

苦手な人とは距離を置いてもいい

これは人間関係でも同じ。

一緒にいて心地よくない、楽しくない人とは、少し距離を置いてみるというのも一つの選択肢です。自分の考え方が変わって、人間関係や環境の〝心地よさ〟も、時とともに変化することもあるでしょう。

だから、今は「心地よくない」と感じて距離を置いたとしても、縁があれば、またつながることだってあるのです。絶縁する、というわけではないのですから。

苦手なんだな、心地よくないんだな、という気持ちを、モノだけではなく人についても、自分がちゃんと感じ取ってあげる。

そして、認識する。

少しだけ距離を置くことで、心の平穏が訪れるのなら、そんなに効率のよいことはありません。

他人に対する「期待しすぎ」がイライラを生み出す

最近、インスタライブなどをしていると、
「佳実さんは、いつもハッピーそうですが、イライラとかしないのですか？」
という質問をよくもらいます。

その答えは……私だってしますよ、イライラ！

確かに、相手構わずイライラすることは少ないかもしれません。では、誰にイライラするのかというと……、パートナーである彼にです（笑）

「なんで、こんなに彼にイライラしてしまうんだろう?」

と考えたことがあります。そうしたら、理由がわかったのです。

それは、彼の行動や言動が気にさわる……理由は、**自分が彼に「こういうことをしてくれるはず」と期待していたから**だと気づきました。

私が、**彼以外の人にイライラしないのは、「期待していない」から。**

「こういう態度をしてくれるはず」
「こう言ってくれるはず」
「こうしてくれて、当たり前」
「これくらいは、やってくれるだろう」……。

相手に対していつもそう思っていると、そうしてくれなかったときに、私たちはイライラしてしまうのです。

以前、こんなことがありました。ドラッグストアで買い物をしているときに、レジの店員さんが私の買った品物を、袋にポンポンと投げるように入れたのです。

「商品を投げるなんて、信じられない！」
と、私はちょっとイラっとしました。

けれど思ったのです。
「これ、アメリカでは、日常だな」
って（笑）
アメリカではそれが当たり前になっているから、イライラもしない。なのに日本だと、**「丁寧にやってくれるはず」と思っているから、イライラしてしまう**んです。

こんなこともあります。私は日本でも、ニューヨークやハワイに旅行するときでも、Ｕｂｅｒ（ウーバー）——アメリカのウーバー・テクノロジーズが運営する、24時間有料でタクシーのように自動車配車サービスが利用できるウェブサイト、アプリ（日本では東京、横浜など、利用できる地域はまだ限られている）——をよく利用しています。このウーバーには、乗車後にドライバーを評価する機能があって、ウェブサイトやアプリには、ドライバーごとにそれが☆印で表示されています。

先日、私がハワイに旅行中、ウーバーを利用したときのこと。評価が最高値である☆5や☆4・9がついたドライバーさんばかりだったので、どのくらいサービスのいい人が来るのかと期待していると、実際に来たドライバーさんは、「ハロー」と「バーイ」以外、ずっと無言。

しかも、走り屋の人がよく乗っているようなエンジン音がボンボンしている車で、車内にはドライバーさんが好きなんだろうと思われる音楽がガンガン鳴っている……。

それで私も、

「不快というわけではないけれど、日本だったら絶対に低い評価だな」

と思ったのです。つまり、日本では、タクシードライバーさんに対する期待値が高いから、ちょっとのことでも低評価をしたくなる。

期待値が高いから、思ったとおりに相手がしてくれない場合、イライラしてしまうし、自分自身も、相手にイライラされないようにいつも気を張って緊張状態でいなけ

ればならず、窮屈な生き方をすることになってしまいます。

それって、なんだかとってももったいない話ですよね。いつもきちんとしていて、おもてなしの心があるのは、日本人のいいところ。でも、相手にも自分にも期待しすぎてしまうと、みんながハッピーから遠ざかってしまいます。

期待するのではなく、信じる。

これを実践していくと、私たちは、もっともっと自由で優しい世界の住人になれますよね。

あなたはそう簡単には嫌われないから大丈夫

先日お会いした方が、こんな話をしてくれました。

「私は仕事で、ある団体に所属しているんですが、そのことが原因で、ずっとモヤモヤしているんです」

詳しく聞いてみると、確かに彼女がそこに所属しているメリットがまったく感じられません。もちろん、私がメリットを感じなくても、彼女が心地よければ問題ないのですが、

「本当はやめたいんですけれど……」

と、悩んでいる様子。

「やめられないんですか？」

と聞いても、

「うーん、どうしましょう？」

という感じで、その状態がもう何年も続いているそうです。

きっとこのような状態にある人は、たくさんいるのではないでしょうか。本当はここから抜けたい、やめたい……。だけど抜けられない、やめられない……。

そんな状況に陥っている人が、どんな感情でいるのかを探ってみると、ほとんどが、

「人に嫌われたらイヤだ」

「波風を立てたくない」

「いい人に見られたい」

という思いを持っているようです。


仕事の場でも、日常の人間関係でも、この「嫌われたくない」という感情が邪魔をして、自分がしたいようにできないことはよくあります。たとえばスケジュールは空いているけれど、行きたくないような気の乗らないような誘いも、

「もし断って、誘ってくれた人に嫌われたらどうしよう……」

と思うと、行くしかありませんよね。


ここでまず、**私が伝えたいのは、「あなたは、そう簡単には嫌われない」ということ**。誘いを断ったからって、あなたのことをいきなり嫌うような人はいません。もしそんな人だったのなら、その関係自体を見直すべきです。

どうしても行きたくないときは、

「ほかに用事があるから」

と言えばいいし、私の仲間内では、誘われたことに興味がなければこう伝えます。

「私はそんなに興味がないから、それは行くのをやめておくね。声をかけてくれて、ありがとう。またぜひ誘ってね」

それで関係がこじれたことはないし、そこまで**はっきり言えない関係であれば、スケジュールが合わないという形で伝えれば、角が立たない**ですよね。

どうしてもやめられない付き合いはどうする？

ここでは、前の話からさらに掘り下げて、所属している団体や、継続的なお付き合いをやめたい場合の断り方についてお伝えします。

基本的に私は、身近な間では「イヤなものはイヤときちんと伝えたい」と思っているのですが、公的な関係や相手が目上の方だったりする場合は、それもなかなかむずかしいですよね。

そのような場合は、相手との関係をこじらせずに、自分も心地よいように状況を変化させるために、私は次のようにしています。

①「ウソも方便」を賢く使う

その団体や人間関係に不満がある場合、それをそのままぶつけてしまうと、やはり角が立ちます。「あなたの◯◯なところが、イヤなのよ！　だから、やめさせてもらう！」と言う勇気がある人はいいでしょうが、全員がそうではありません。

だから、**不満があるときでも、冷静に。自分が望む状況は何かをまずは考えます。**

それが、「相手に不満をぶちまけて、負かしてやりたい!!」ということであれば、そのまま言えばいいでしょうが、できるだけ円満に現状から脱して、自分が「心地よい」と感じられる環境に行きたいというのであれば、それが叶うことを最優先に考えます。

それを冷静に考えたあとは、お付き合いをやめる理由を、自分と相手の双方が納得できるものにすることが大事です。 たとえば団体を抜けたいのであれば、「新しくやりたいことがあって、ここでの活動になかなか時間を割けなくなった」「主人の仕事が忙しくなって、私が手伝うことになった」など、理由はいくらでもつくれます。

嘘をつくなんて……と思う人もいるかもしれないけれど、「新しいことをはじめたい」というのは本心ですよね。やめる一番の理由が、「不満があるから」だったとしても、それをおおっぴらにすることなく、前向きな理由を伝えることで、話を円満に進めることができます。

②損することを恐れない

継続的な関係を解消するときは、それまで積み上げてきたものがあると、「ここまでやってきたのに」という思いになりますよね。そうです。「自分が損してしまうのではないか」という思いです。

お付き合いをやめることで、自分が損をする。そんな状況はたくさんあるでしょう。

でも、第1章でも触れましたが、ものごとは損得で考えないことです。**そこで損をしてもいいのです。「損して得（徳）とれ」という言葉がありますが、損をしたとしたら、その分、自分に「余裕」ができたと考えてください。**

「余裕」があると、そこにまた新たなエネルギーがそそがれ、あなたにとってもっとうれしい、新しいなにかが入ってきます。

手放したいものは、自分が損をして相手が得をするくらいの覚悟で、サラッと手放す♥

私はいつもそう心がけています。

人間関係も理想の形に少しずつ変えていこう

「今の環境は私に合わない」

「自分のいる環境を変えたい」

そう考えている人は、たくさんいますよね。


実はそう思ったときに、一番てっとり早いのが「人間関係」を変えることです。

もちろん、モノもエネルギーを持っているので、身のまわりを片づけたり、好きなモノに囲まれることでも、環境はどんどん変わります。

でも、**その変化の速度をもっと上げたいのなら、人間関係をぜひ変えてください。**

なぜなら、「人間」は「モノ」より強力なエネルギー体だからです。


今いる世界を変えるには、欲しい未来をすでに手に入れている人に会いに行くことが効果的です。

・新しい一歩を踏み出したいなら、最近、新しいことにチャレンジした人に
・結婚して幸せになりたいなら、「こんな夫婦って、すてきだな」と思う夫婦に
・起業して成功したいなら、すでに会社を興してうまくいっている人に

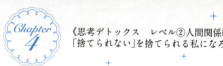

会いに行くことを、ぜひ考えてみてください。

理想の人間関係は、今の人間関係を一気に手放して、総入れ替えするのではなく、「一人ずつ」出会っていけばいいのです。

そして、今一緒にいるのが心地よくない人との関係を、少しずつ手放していきましょう。**手放すことで、その人のために使っていたあなたのエネルギーや時間の分だけ「余裕」ができ、新しい出会いが巡ってくるのです。**そうすると、このあと第5章で説明しますが、大きく手放すことが、より大きな飛躍につながります。

私も起業当初は、異業種交流会によく出かけては、自分でつくって印刷した名刺を、いろんな方と交換していました。

私は高卒のOL。まわりに起業している人なんて一人もいなかったから、そういう人たちがたくさんいる場所に飛び込んでいきました。そうやってさまざまな場所に出向いていた、起業1~3年目のころから、今でも仲良くお付き合いしてもらっている方もいて、テレビやラジオの仕事を紹介されることもあります。

自分の目の前の仕事を夢中でやりながら、人間関係を新たに開拓していった結果、出版という夢も叶えることができ、今では、あのころ「雲の上の人」と感じていた方とも交流できるようになっています。

人間関係も、自分の心地よい理想の形に少しずつ変えていきましょう。

都合のよい思い込みをしていこう

第3章の終わりでは、仕事を中心とした「マイナス志向の謎の思い込み」を手放すことをお伝えしましたが、ここでは、人間関係のマイナスの思い込みを手放し、プラスに変えていく方法を紹介しましょう。

あなたは、パートナーシップや恋愛、日常の人間関係について、どんな思い込みを持っていますか?

私が女性たちにこの質問をしてみたら、次のような答えが返ってきました。

・私は恋愛とは無縁
・自分から好きになった人とはうまくいかない
・すてきな男性とは恋愛できない
・私は愛されない。大切にされない
・私は結婚できない
・男は浮気をする。稼ぐ男はもっと浮気をする
・自分の夫は稼げない
・夫より稼いではいけない
・家事も育児もちゃんとしなければ、いい妻ではない
・家事や子育てが苦手な自分はダメだ
・毎日ご飯をつくらなければいけない
・おかずは3品以上つくらなければいけない

・いつも笑顔でいなくちゃいけない。いい人でいなければいけない（ニコニコしていないと嫌われる）
・人を嫌ってはいけない
・嫌いな人でも、自分から離れてはいけない
・頼まれたら、引き受けなければいけない（人の役に立たないといけない）
・人に頼ってはいけない、自分一人でがんばらないといけない
・美人で可愛くないといけない
・朝は早く起きなければいけない
・調子に乗ってはいけない、謙虚でいなければいけない
・いつでもきちんとしていなければいけない

さあ、いろいろ出てきましたね。これらを見て、あなたも思い当たることがあるのではないでしょうか。

そして次は、これらの思いを手放す方法です。たとえば「調子に乗ってはいけない、

謙虚でいなければいけない」と思い込んでいる人は、

「その逆の行動をしたら、自分はもっと軽やかに生きられるのかな？」

と想像してみます。


そこで自分がとってもイキイキと楽しんでいる様子が頭に浮かんだら、

「調子に乗っても、謙虚じゃなくても、私は認められるし愛されるし、成功する！」

と決めちゃいましょう♥

「美人で可愛くないといけない」と思っているのだとしたら、

「美人じゃなくても、可愛くなくても、私は愛されるし、大好きな人に大切にされる！」

「そもそも私は、美人で可愛いし♥」

と、自分で決めちゃうのです。


そうです。**あなたが勝手に決めたらいいんです。そのことに対する根拠なんていらないし、人からの確認や承認もいりません。**そう思えば、そのとおりに自分の世界がつくられていくものなので、いいように勝手に考えた者勝ちなのです！

こうした「都合のよい思い込み」は、やればやるほど実現していくので、本当に楽しいです。私のまわりの人たちも、最初は、

「そんなの絶対無理だよ～」

というところから少しずつはじめて、今では、

「私はみんなから愛されている！」

「楽しいことをしたら、お金が入ってくる！」

という、「都合のよい思い込み」どおりに、現実が変わっていっています。

だからあなたも、第2章で述べたように、**「理想の未来」「理想の私」を描いて、それに叶った現実を引き寄せていきましょう**。そうすることで、あなたにとって都合のよい世界が、できあがっていきますよ！

悩みは思考の外にポンッと放り出そう

たくさんの人の悩みを聞いていると、「そこまで考えなくて、よくない？」ということをこねくりまわして、悩みを大きくさせている人が多くいるように感じます。

そんな考えを頭の中でグルグル巡らせていても、実はなんの解決策にもならないし、逆に悩みがどんどん増殖して、自分の中で際限なく膨らんでしまいます。

そんなときは、意識的にその悩みを余計に〝自分の思考の枠の外〟に出して、客観的に見てみましょう。

たとえば、「彼からメールがこない！　なんで!?」と悩むこと、ありますよね？

私もこの悩みで、事態をかなりこじらせた経験があります。それまできたメールの履歴を見ては、

「私、彼の気に障ることを言ったかな？」

「今、ほかの女の人と会っているのかも……」

「どうしたらメールの返信をくれるんだろう？」

と、答えのない思いに悩まされ、Ｙａｈｏｏ！　サイトを検索しては、

「ほとんどのことは、これで答えが出るのに、私のこの思いだけは、全然解決してくれないっ!!」

って、やけになっていました。


この悩みの解消方法は、「彼からメールがくる」の一択のみ。そうこうしているうちにメールがくれば、「よかった～」と心が軽くなるけれど、その後日、またメールがこなくなると、同じ悩みの繰り返し。このループから抜け出せません。

そんなときは、次のように考えることで、**悩みを自分の思考の外に持っていきます。**

・私は、本当はどんな人と付き合えたら、幸せなんだろう？
・どんな風に連絡をくれる人なら、安心できるのだろう？

私はこれを、ストーリー仕立てにして、ノートに書き留めていました。

「朝起きたら、パートナーが『おはよう』と隣で言ってくれて、私は先にベッドから出てカーテンを開け、水を飲んで朝食の準備。日中はそれぞれ仕事に集中し、夕食は家で一緒につくったり、外食をしたりして、楽しい毎日」

朝、私のほうが早く起きて朝食をつくるというのは、実現していませんが（笑）、それ以外は見事に今、現実になっています。


目の前の彼のことで、考えをグルグル巡らせて悩むのではなく、一旦そこから飛び出して、思考の上で彼を手放し、新しいパートナーシップを考えてみるのです。

これは恋愛以外でも同じように使えます。グルグルと悩んでいることのそのものばかりに「どうしよう」とフォーカスするのではなく、そこから一旦離れて、一番自分が望む状況を考えてみるのです。それだけでも心が落ちつくし、又、解決策が見えたりします。

また、**まったく違うことに集中するというのもオススメです。**私も、彼からのメールがこないといって悩んでいるとき、そのことを忘れるくらい仕事に夢中になってい

いらない思いは頭から放り出そう

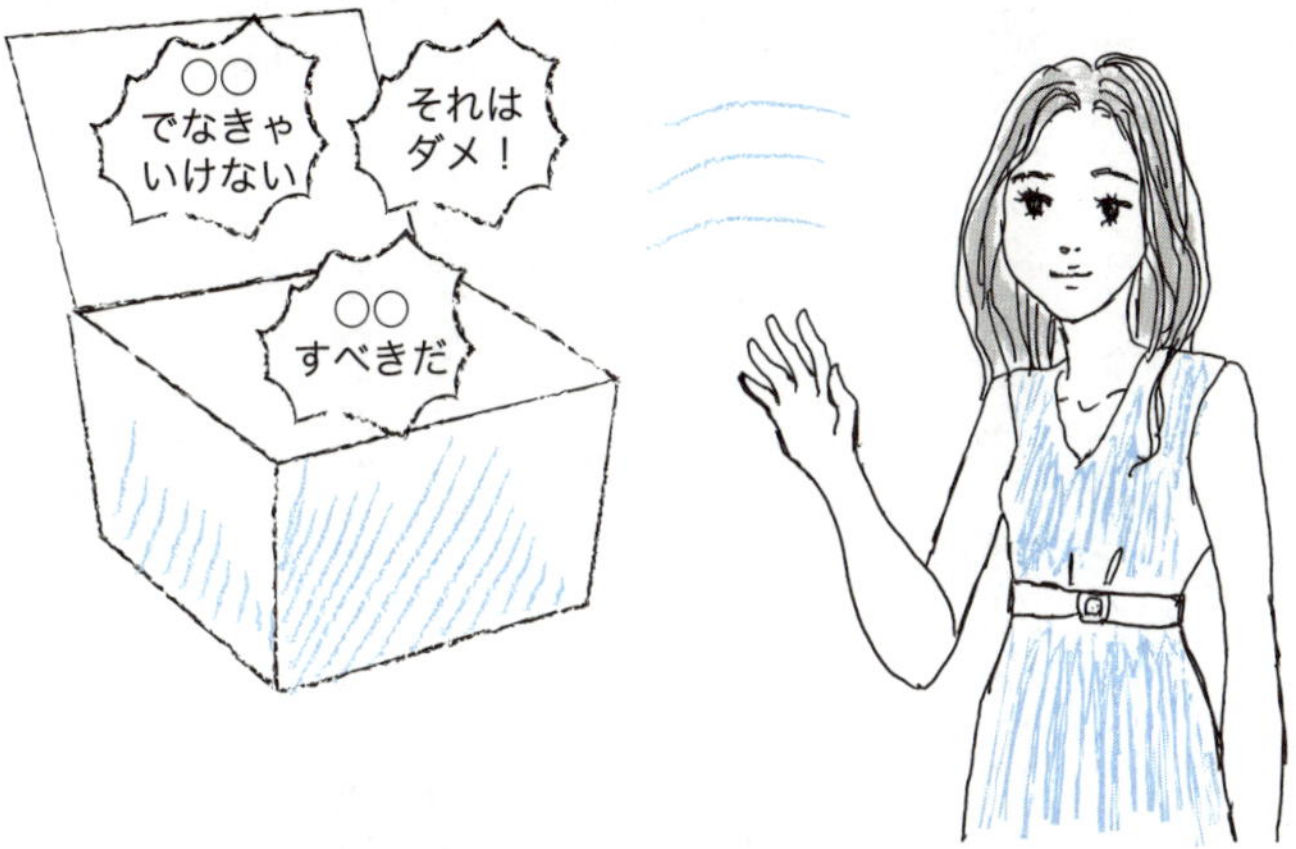

ると、決まって彼から連絡がありました。

そのことばかり考えていると、うまくいかないとも、「どっちでもいい」くらいに思っていると、スルッとうまくいくものです。だから、**「こうじゃなきゃいけない」にとらわれない**。

今の彼でも、違う彼でも、もしくはパートナーがいなかったとしても、大事なのは「私が幸せであること」。本当にそれだけです。

だから、「彼じゃなきゃ」とか「パートナーがいなきゃ」とあまり考えすぎないことです。それにとらわれすぎると、まったく優しくない彼をズルズル引きずってしまったり、全然好きでもない人と付き合ってしまったりします。

最優先は「私の幸せ」。
私を幸せにしてくれないものには、用はない♥
それくらいの気持ちで、手にするものや環境を選んでいきましょう。

5つのテクニックでモヤモヤ思考をリセット！

前項に続いてここでは、人間関係などのどうしても捨てられない悩みを手放すために、私がオススメする5つのテクニックを紹介しましょう。

①悩みの種を紙に書き出す

まず、**ノートや紙に、「私は何に悩んでいるのか？」を書き出します。**

悩んでいるときって、ただひたすらモヤモヤしていることが多いですよね。だから冷静になって、「何に悩んでいるのか」を書き出すことで、心の中を整理します。

そして、**「どうしたら気持ちがすっきりし、心が軽くなるのか」ということも一緒に書いてみます。**そうすると、「悩みが解決される未来も、ちゃんとあるんだ」ということがわかって、気持ちが落ち着きます。

たとえば悩みの原因が、

「あの人に、こんなことを言ってしまった……」

「あのとき、あんなことをしてしまったから……」

という場合。そのこと自体はもう過去のことで、取り消せないのだから、私はこう考えます。

「仕方がない」

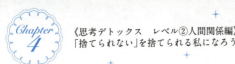

そうです。いつまでも過去の自分を責めるのはやめましょう。それよりも、次にまた同じようなことが起きないように、あなたが最善と思う言動をイメージしておくといいですよね。

相手が怒ってしまったのだとしたら、

「あのときは、ごめんね」

と、勇気を出して謝ればいいんです。たとえ謝れるような状況ではないとしても、**過去のことであれこれ悩むのではなく、「これから自分はどうするのか？」ということに思考をシフトしていきましょう。**

②ため込むのをやめる

前項でも触れた、「頭の中でグルグル巡っている悩みを一旦外に吐き出す」ためには、「書くこと」のほかに、まわりの人に「話す」方法もオススメです。

先日、友人たちと話していたときのことです。私はその中の一人が言った、

「自分一人で悩みを抱え込んじゃう」

という言葉にびっくりしました。というのもその時気づいたのですが、私は生まれてこの方、悩みを一人で抱え込んだことがなかったのです！

私は基本的に、悩んでいること、気づいたことなどはすべて、パートナーや家族、友だちなどに話します。悩みの種類によって相手は変わりますが、すぐに話して、自分の頭の中からその悩みを一旦出してしまうのです。

「だから、佳実さんは、いつも悩みがないように見えるんですね」

と、友人からも言われます。

確かに私は、「ため込む」ことをしません。

思考はエネルギー。循環させておくことが大事なので、ため込んでいると、どんどん重く、暗くなっていきます。だから悩みは人に話して、意見を聞いてみる。そうすれば、新たな解決策が見つかるかもしれません。

ただし注意が必要なのは、人が言ってくれることはすべてヒントなので、そのまますべてを間に受け自分の答えにしないこと。

選択肢は私の外に、答えは私の中に♥

③「ま、いっか」とつぶやく

私はこの言葉をつぶやくだけで、肩の力がなんとなく抜けて、心が軽くなります。落ち込んだときや、悩んでいるときに、こっそり唱えるんです。


この話をブログやセミナーですると、こんな質問がありました。

「たとえばお金のことで悩んだときに、『ま、いっか』とつぶやくと、そのときは心が軽くなるんですが、またお金がない現実に直面して、落ち込んでしまうんです」

——「ま、いっか」で心は軽くなったけれど、根本的には何も解決していないということですね。そう、この言葉は鎮痛剤。病気を根本的に治す薬ではないんです。

そこで**大事なのは、「ま、いっか」とつぶやくタイミング。自分でできることをすべてやり尽くしたとき**なんですね。

前述したように、今、自分にできることや目の前にあるできそうなことを全部書き出して、できることろからやってみたけれど、

「もうほかにはなんにも思いつかないし、悩み疲れたし……」となったら、「ま、いっかあ」と、つぶやく。

そうすると、心がとっても軽くなるし、自分が考えに考えて出したエネルギーがグルグルまわって、現実がどんどん変わっていく――そんなことが起こるようになりますよ♥

ただし、自分は何もせずに「ま、いっか」でものごとを片づけていると、ただ諦めているだけの人生になってしまう可能性があるので、注意が必要。この言葉は、とりあえず心を落ち着かせたいときにつぶやきましょう。

④モヤモヤは放っておいて、目の前の〝楽しい〟にシフト！

「ま、いっか」とつぶやいたあとは、悩みごとに向いていた思考を、〝楽しい〟〝ワクワク〟にシフトさせましょう。

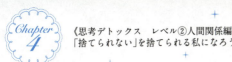

たとえば、
・美味しいケーキを食べる、
・楽しみにしていたテレビドラマを見る、
・友人とお茶に出かける、
・お昼寝をして、午後をゆったり過ごす
……と、なんでもいいのです。**ワクワク楽しいことをすることで、悩みを自分の思考から外してしまいましょう。**

⑤より一層、自分に優しくする

悩んでいるときって、「早く解決しなきゃ」と焦ったり、マイナスな方向にばかり考えてしまったりして、余計に苦しくなりますよね。

そんなときこそ、自分に優しくしてあげましょう。

でも、悩んで苦しいときに、自分に「大丈夫だよ♥」って優しい言葉をかけることは、なかなかできないですよね。

だから、あったかいお風呂にゆっくり浸かったり、体を丁寧にマッサージしたり、心地よい空間に身を置けるように部屋を掃除したりして、体ごと、自分に優しくしてあげましょう。

自分で自分をおもてなし♥

そうすると、心がほどけて、思考デトックスできるようになりますよ。

悩んだ時程、シンプルに。グルグル考えても、あまりいい解決策は浮かびません。一旦手放して、ワクワクすること、心地いいことにフォーカスしていた方が、物事がうまく進んだりします。考えすぎて、悩みをこねくりまわしている時は、「悩んでいる時程シンプルに」を私は合言葉にしています。

自分への優しさは世界を変えていく

「自分に優しくすること」。それはは、私たちが身を置いている人間関係の世界で、とても大事なことです。

先日、会社員で管理職をしている友人とおしゃべりをしているとき、こんな話が出ました。

「私の決断で、手放そうと思えば手放せる仕事があったんですけど、そうしてしまったら、部下に示しがつかないと思って、一人でがんばっちゃったんです。でも、それを抱えている間は、本当に苦しくって……」

それを聞いて、私は思ったのです。

「手放すと、まわりに示しがつかない」

「なんだか、負けた気がする」

そんな気持ちに執着していると、本当は持ちたくないものをずっと抱え込んでしまうことになるんだな、と。

「ずっと付き合っていた恋人と別れるのは、これまでがんばってきた自分に負けた気がする」

「ここで力を抜いたら、いつもライバルとして闘ってきた同僚に負けてしまう」

そう思って、ギリギリの状態で多くのものを抱えてしまう人って、きっとたくさんいますよね。


だから私は、その友人に言いました。

「もし、そこで**あなたが〝自分に優しく〟なって、辛い仕事を手放すのを見たら、部下の人たちも、『辛いと思ったら手放す、という選択肢があるんだな』と思って、自分に優しくできる**んじゃないかな」


私も仕事に追われてカオス状態になっているときは、「もっとやらなきゃ！」と、自分に厳しくなっているので、スタッフにも「もっとやってよ」という気持ちになりがちです。そう、自分に厳しくすると、まわりにも厳しくなって、身を置く世界がどんどん辛く厳しいものになっていくんですね。

でも、たとえばハワイなどで、身も心もリラックスして楽しんでいるときは、日本で仕事をしてくれているスタッフたちに、心から感謝の気持ちがあふれる。**優しい世界に身を置いていると、まわりの人たちにも優しくなれる**んですね。

そうすると、彼女たちもこう言ってくれるようになります。

「楽しい仕事を任せてくれて、本当にありがとうございます。佳実さん、もっともっと、自分の好きなことしてください！」

「もっとやらなきゃ」「もっとこうしなきゃ」……という執着に似た気持ちも、自分に優しくすることで、解けてなくなっていくのでしょう。その波動がまわりにもどんどん伝わっていけば、みんなが優しい世界で生きられるようになるのです。

さあ、まずは自分をたっぷり癒やして、優しい世界に身を置きましょう。

デトックスでドロドロの思考をサラサラに！

ここまでは、みなさんのパートナーシップ・人間関係などの思い込みなどを書いてもらいました。ここではもう一度、**カテゴリーに分けずに、今思い浮かぶあなたのマイナス志向の謎の思い込み（固定観念）を、全部書いていきましょう。**

そして、これまで書いてきた、仕事や人間関係でのいらない思い込みも合わせて、客観的に見てみます。

身のまわりのモノのデトックス同様、自分の中にある「思い」を〝外に出す〟ようにして客観視してみると、

「いらない思い込みを、自分の中にこんなにため込んでいたなんて！」

と、恐ろしくなります。

そうです。**「思考」や「思い込み」は、定期的に自分の〝外に出して〟客観視してあげないと、どんどんたまってしまうのです。**

体の血液の流れも、老廃物が多いと、ドロドロになって詰まってしまうというけれど、思考も同じ。いらない思いをため込むと、健全に考えられなくなり、気力が失われたり、うつ状態になったりします。

だから、「思考デトックス」はとっても有効です。

自分の思い込んでいることを紙に書き出して、それらを「手放す」と決めたあとは、「都合のよい思い込み」に変えて、思考をサラサラの状態にしましょう！

たまにはボーッとすることも大切

人は、時間的にも、精神的にも、物質的にも、余裕がないと、切羽詰まっていい判断ができなくなったり、忙しすぎてミスをしてしまったり、モノが多すぎて大事なモノをなくしてしまったりします。

そう、**人間には、「余裕」がとても大事。**

では、「余裕」をつくるにはどうしたらいいのでしょうか？

それは、「ボーッとする」ことです。

私の場合、たとえば余裕をつくるために瞑想をすると決めると、逆に「瞑想するぞ！」とがんばりすぎて、それが「瞑想しなきゃ」という義務感に変わりがちなので、今はひたすら「ボーッとする」ことにしています。

美味しい紅茶を飲みながら、ボーッ。

窓の外を見ながら、ボーッ。

散歩をしながら、ボーッ。

お風呂のお湯に浸かりながら、ボーッ。

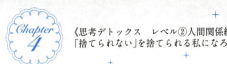

「ボーッとする」時間をつくれば、時間的にも精神的にも、余裕が生まれます。

私が仲良くさせてもらっているスピリチュアルカウンセラーの立石裕美さんも、「人生には余力が大事」と言っています。

時間も、お金も、自分のエネルギーも、「余力」がなく、キッキッの状態だと、たちまちショートしてしまうんですよね。

焦りぎみなとき、忙しすぎるときは、「今、私、余力あるかな?」「私のスケジュールに余裕あるかな?」

と立ち止まってみる。そして、「余力がない……」「余裕がない」と思ったら、「ボーッと」する時間を1日の中にぜひつくってみてくださいね。

第3章、第4章と、**手放し力レベル2**の、働き方や人間関係を中心とした「手放したいけれど、なかなか手放せないものを手放す」方法についてお話してきましたが、いかがだったでしょうか?

「手放せないものを手放す」には、

・手放したいことを意識する
・損することを恐れない
・「手放しても大丈夫」と自分を信じる（自分を幸せにする力をつける）

ということがとても大事です。

本書や、みなさんがノートや紙に書いたものを何度も何度も見返しながら、時間はかかるでしょうが、焦らずに「自分だけの手放し」を実現していってもらえればと思います。

さあ、次章は、いよいよ**レベル3**の手放し力獲得のための最終章です。あなたも、最上級者を目指して、読み進んでいってください！

デトックスワーク④

人間関係の思い込みを〝しっくり〟に変えるレッスン

1. 自分の「謎の思い込み」を書いてみよう

2. 「謎の思い込み」を「都合の良い思い込み」にして、思考美容液を作ろう

Chapter 5

もっともっと軽くなって、次のステージへ

「もったいない」を手放すと背中に羽根が生えてくる

大きく手放して、大きく飛躍する！

私は本を出して、以前は考えられなかったくらい、たくさんの人に注目してもらえるようになり、いろんなプレッシャーに押しつぶされそうになったことがあります。

誰かの期待に応えたいというわけではないけれど、もっとがんばらなきゃ、今の人気が落ちてしまうのではないか。もっといいことや、もっとすごいことを言わないと、「残念」と思われてしまうんじゃないか……。そんなことを思って、ずっと肩に力が入っている感じでした。

それまではコツコツやってきて、がんばることに慣れていたため、「がんばるスイッチ」や「期待に応えるスイッチ」が自然に入ってしまう状況に、苦しくなっていく……。そんな感じだったのです。

けれども、**そんなときはいつも、自分自身に聞きます。**

「私って、本当は何がしたいんだっけ？」

これは、起業当初から、何度も何度も自分に問いかけた言葉です。もちろん、今でも定期的に自分にこう聞いています。

そうしないと、まわりの期待や世間の反応、評価やそれに対応する数値などで行動を決めてしまいそうになるから。そして、それを追い求めて、苦しくてもがんばろうとしてしまうから。

この質問を自分にすると、本当の気持ちに気づけます。だからぜひ、みなさんも、**定期的に自分に聞いてみてください。**

「私って、本当は何がしたいんだっけ？」

でも、**何度自分に問いかけても、状況が変わらないときもあります。それは、「人生のモンモン期」**（私の勝手な命名です）。

自分の本当の気持ちに気づいたのに、不安で、怖くて、今あるものを手放せない。

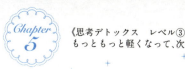

そんな窮屈な思いにとらわれて、状況を変えられない時期です。

そんなときにオススメなのは、「様子見」。

目の前のできることは、もちろん全部やるけれど、大きく行動に出られない、わかっているけれどできない……。そういうときは、**ちょっと立ち止まって、目の前の今やること、やりたいことに集中しておく。**そうしていると、変わっていけるきっかけや、待ち望んでいた答えが、ドドーンと、目の前に現れたりするんです。私の場合、そういう大きな気づきが、1年に1回くらいあるので、そのときに、大きなものを「スパッ!」と手放すようにしています。仕事で上手くいかない時、彼ができないと焦る時、じたばたすればする程、上手くいきません。そんな時は「1番いいようになるから大丈夫」と唱えて、「信じて待つ」。これが1番効果があります。

でもそんな中で、**抜群のタイミングがきたときに、**

「ああ、私はもう、これを手放しても大丈夫なんだね」

と、自分に語りかけながら、清々しい気持ちで、手放すことができるのです。

だからこそ、モンモン期こそ目の前のことに集中しエネルギーを注ぎましょう。

これまでそうやって、私はあらゆるものを手放してきました。そのたびに、大きな「余裕」ができる――エネルギーも、時間も余る――ので、それをまた純粋に楽しみながら、新しく夢中になるものに時間をそそげるのです。だから大きく飛躍できます。

上級者スキルは「タダでは手放さない」

手放し上手になるためには、もう一つ大きなポイントがあります。

ビジネスに関しては、私はつくった事業を軌道に乗せてから人に手渡し、それを自社で運営する方式をとっています。いくつかの事業を、実働的には手放しているけれど、キャッシュフロー的には生かしている、ということなんです。

つまり、**手放すと同時に、「仕組みをつくる」ことをしています**。

これを話すと、「佳実さん、さすがの手放し上手！　タダでは手放しませんね～」

なんてことを言ってもらったりもするのですが、その仕組みについて、ここで少しだけ紹介すると、**自分が何かを手放すとき、「それを誰かがすぐに使えるように整えてから、プレゼントする」というイメージ**なんです。

もちろん、マージンをもらうので、完全にプレゼントということではありませんが、**譲った相手とも、その後もスタッフとして一緒に成長していけるし、譲ったコンテンツを同じビジョンでブラッシュアップしていけるので、win-winの関係でいられます。**

私はゼロから1に、ビジネスやコンテンツを興すことが大好きで、得意です。

一方、自分でビジネスをしてみたいけれど、ゼロから考えたり、ビジネスを立ち上げるのはむずかしいという人もいます。そういう人は、1からゆっくり、2、3と成長させながら、ビジネスを永続し、成長させることができるのです。

そういう**仲間たちとタッグを組み、私が事業を立ち上げ、仕組みをつくり、それを使って、仲間には自分らしい働き方をしてもらう**——そんな「手放し」を事業拡大の中でやっています。

迷ったときや混乱したときは一旦投げ出そう

迷ったとき、混乱したときは、一旦立ち止まり、思考の中ですべてを投げ出すことです（あくまでも、思考の中でですが）。そうやって、「もう、全部やめちゃおうかな」「南の島に逃げちゃおうかな」……と、全部やめることを想像したときに、

「やっぱり、これはあったほうが楽しいな」

「これは、好きだしな」

という、**自分の大切なものや、今目の前にある輝いているものが、改めて見えてきたりするんです。そして、自分の「シンプルな思い」＝「これが欲しい」「これが必要」という思いが残る。**

そんな中で、悩みの多くは、やっぱり複雑に考えていただけのことだったんだ、と

いうことに気づくのです。

だから一度、考えるのをやめて、思考の上ですべて手放してみる。そうすることで、「自分の中の本当の答え」が見えてきたりします。

大きく手放した先に見える世界

「好きなことだけしたい」

「好きなところにすぐ行きたい」

私はそんなライフスタイルを追い求めていたら、たくさんのものを持つことができなくなって、「本当に自分に必要なもの」以外は、どんどん手放すという選択をすることになりました。

とくに仕事については、

「これを手放してしまったら、いくらなんでももったいないのでは？」

と思えるものまで手放さないと、私の理想の自由なライフスタイルは実現しない。そんな思いを巡らせながら、**いつも「現実のスケジュール」と「理想のスケジュール」を見比べては、手放すものを試行錯誤していました。**

そうして、いろんなものを一つずつ手放した結果、物理的にも、時間的にも、思考的にも私は自由になった。そして不思議なことに、まわりの人たちも、

「自由になれた！」

と言って喜んでくれたんです。

前述したとおり、**私は持っているのが苦しくなってきたものを手放すときには、「欲しい人がすぐに使えるような形に整えてから手渡す」ということをしてきました（もちろん、そのまま手放すものもたくさんあります）。**

すると、それを受け取った人が「自由になった」と言ってくれたのです。

自分は大変だから手放したのに、ほかの人の手に渡ったら、その人も自由になるという、不思議な法則♥

たとえばパーソナルスタイリストの仕事は、自分がもっと自由になりたくて、もっと好きなことをしたくて、手放しました。そして、今もいるスタッフたちがその仕事を引き受けてくれました。手放す時は「本当に手放して大丈夫かな」ってわかった。でも私はその仕事の分だけ自由になり、新しく「女性の働き方・生き方を提案する仕事」にエネルギーをかけられるようになって、すごく自由になった。そしたら、受け取ってくれたスタッフも、自由になり、豊かになったと言ってくれた……。

これは、すごく不思議な感覚でした。でもこのことがわかると、いらないものはどんどん手放して、たくさんの人と、自由や豊かさを、もっともっと分かち合いたくなったんです。

「好きなことをする」
「好きなことだけする」
「好きなときに好きなところへ行く」

これって、すごく自分勝手で、誰かに迷惑をかけそうだけれど、まわりの人も幸せに、自由にする、魔法みたいなものなのかも。

だから、もっと好きなことをして、自由になりましょう。**あなたが自由になれば、まわりにも「自由」をプレゼントできるのだから！**

手放すことは、覚悟すること

手放し上手になるためには、とても大事なことがあります。

それは、「信じる」こと。「私は手放しても大丈夫」と、**自分自身を信頼していないと、自分にとって大きな意味を持ってきたものや、それまでギュッと握りしめてきたものは、なかなか手放せない**んです。

そして、まわりの人を信じること。

私が仕事をどんどん手放して、**人にお願いするときに大事にしているのは、「期待せずに、信じること」**

「任せて、本当にうまくいくだろうか……」

「ちゃんとやってくれるだろうか」

と思いはじめると、自分の仕事を人に任せることはできません。

任せることができなければ、

「全部自分でやらなきゃ」

「自分でやったほうがラク」

となって、抱えている仕事が、どんどんファット状態になっていく……。


私は、会社で働いていたときや、司会者としてホテルや結婚式場に出入りしていたときに、たくさんの管理職——いわゆる上司の立場にいる人を見てきました。

その中で「上に立つ人として、すてきだな」と思うのは、この「任せる」が上手にできる人。だから私も、そういう人になりたいと、20代のころから考えていました。

それでもいざ任せるとなると、自分の目の届かないこともたくさんあるので、心配にはなります。けれども、そんなときでも、相手を信じる。

当然、任せたのは自分なのだから、責任も取ります。だから、人をちゃんと選ぶし、一旦決めたら、その人を信頼するのです。

私の場合、そうやって人にいろんなことを任せていたら、「お任せ上手」になっていて、それが「手放し上手」にもつながっていきました。

人に任せるといっても、現実的なことを言えば、たとえばアシスタントの仕事なら、自分でやればお金はかからず、経費ゼロです。でも、人に任せると、お金がかかる。また、講師やスタイリストの仕事も、講師料やスタイリスト料を支払う必要があるので、自分でやっていたときよりも、売り上げが最初は目減りしました。

そこで**大事なのは、「それでも大丈夫！」と自分の未来を信頼する気持ちです。**

これがないと、自分の仕事を手放すことはなかなかむずかしいでしょう。

だからこそ私も、小さい仕事からはじめて、メインの事業になるようなものまで、少しずつ人に任せたり、自分に必要のないものは思いきって手放すようにしてきました。そうした経験から、「自分」を、「まわり」を、そして「自分の未来」を信頼する覚悟が徐々に備わってきたのだと思います。

手放す覚悟、信じる覚悟、任せる覚悟。
そんな覚悟ができたら、あとは広がるのみ♥
自分を、まわりの人を、自分の未来を、信頼する覚悟を決めよう。

定期的に「自分棚卸し」をしていこう!

「自分棚卸し」とは、何度も何度も「自分ミーティング」をしながら、「持っておくもの」と「手放すもの」を、精査すること。

私はこれを、かなり前から一人でやっていました。今は自分だけでなく、会社規模になっているので、スタッフともやっています。

持っているものを棚卸ししよう

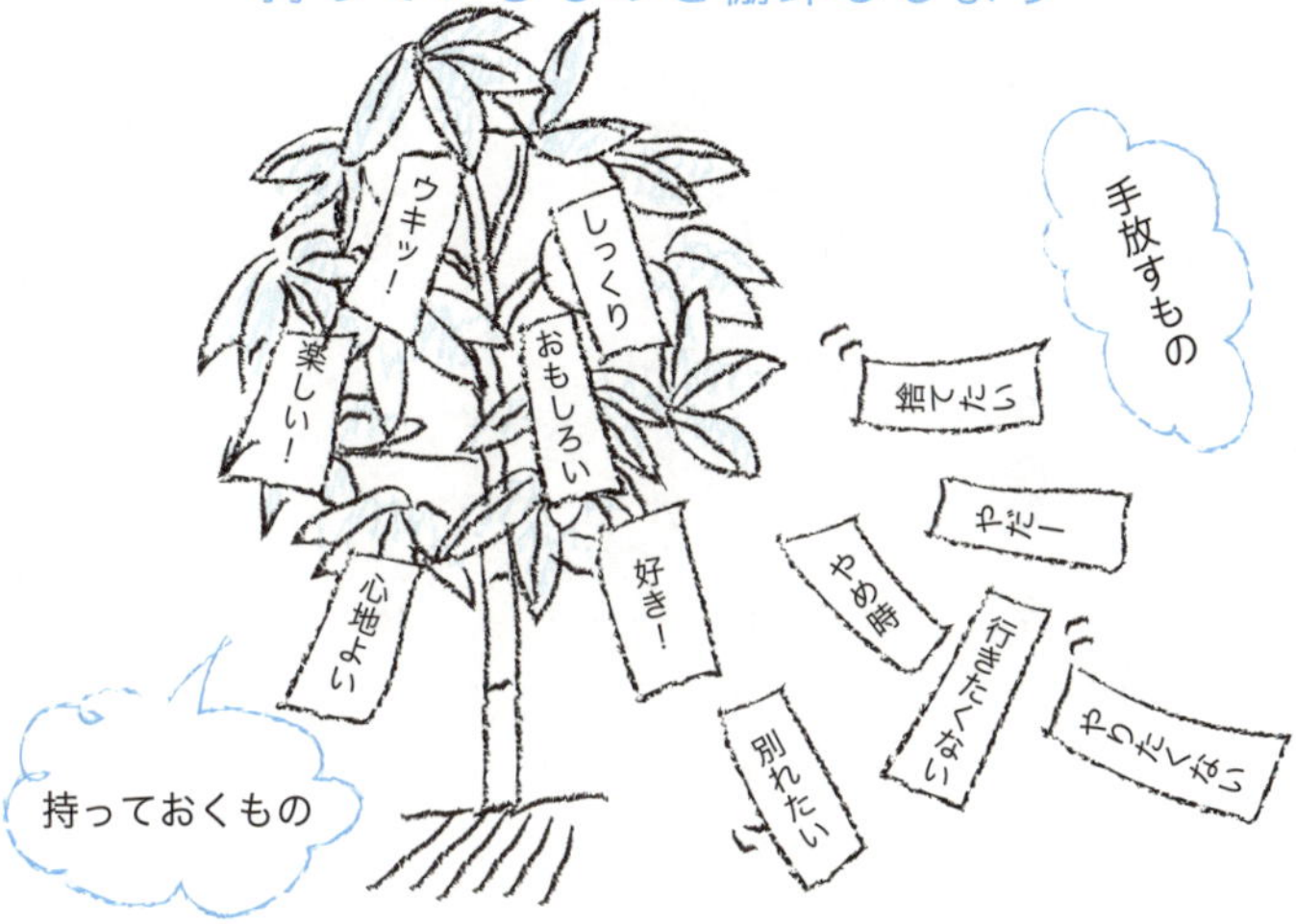

その繰り返しを経ながら、今、私が「持っているもの」ができ上がってきたのです。

とはいえ、「持っているもの」は、知らず知らずのうちに増えていくことが多いので、ときどき意識的に「棚卸し」として精査しておかないと、すぐにいっぱいになってしまいます。そう、ファット状態になりエネルギーが分散しします。

そんな状態でいると、本当にエネルギーをそそぎたいものに、そそげないことになるので、みなさんもぜひ、次のことを定期的にやってみてください。

《自分棚卸し法》

①自分がやっていることをすべて書き出す。

②その中で、絶対にやり続けたいことには◯を、もうやりたくない、やめたいということには×をつける。

③×をつけたものを、どうやって手放すかを考える。

シンプルですが、これだけ。これをやることで、自分が本当にやりたいことだけでなく、意外にもやりたくないことや、今たくさんやっていることもわかります。

③の手放し方を考えたとき、どうしても手放す方法がわからないこともあります。私もパーソナルスタイリストの仕事を手放そうと思ったとき、手放したいけれど、そうしたら仕事がなくなるし、どうしたら実現できるのかがまったく見えませんでした。

でも、方法はわからなくても、自分の「手放したい」という気持ちは、きちんと認めることにしました。というのも、私は〝好き〟でファッションの仕事をはじめたのだし、それで生活していたので、「手放したい」という気持ちを自分自身が認められず、どこか抑え込んでいるところがあったからです。

「好きじゃないなんて、嘘でしょ！」
「気のせいだよね？」
と、ずっと思っていました。

それでも、この**「自分棚卸し」で、やりたいことと、やりたくないことを何度も書き出すようにしたら、自分の気持ちをちゃんと認められるようになりました。**そうやって、認めることで、時間はかかりましたが、仲間を増やす方法で、手放すことができたのです。

この**「棚卸し」をするようになってからは、自分が身を置くステージが、どんどん変化していくようになりました。手放すことがうまくなり、身軽になったことで、先へ先へとステージを進めていけた**のだと思います。

お金はもっと使ったほうがいい⁉

私たちは小さいころから、「お金を使うのはいけないこと」と教えられてきました。だから、質素倹約が美徳……そんな風に私も思っていました。

でも今の世の中を見ると、お金をたくさん使うか使わないかは個人の自由。私たちの経済を動かし、お金をまわしてくれるのは、「お金を使う人」です。

「お給料を上げてほしい」と言いながら、「お店の商品は安ければ安いほうがいい」と思うのは、実は矛盾しています。「安いのは正義だ！」と言って、モノの値段を下げることは、コストを下げるということ。企業は原価を下げるのには限度があるので、人件費を下げることになります。

そうなると、小売りも物流もメーカーも、社員のお給料が下がり、その家族に入るお金が減る。そして、その人たちが使うお金が少なくなると、また「安いのは正義！」となり……と、もう、おわかりですよね。「安いのは正義」でいくと、私たちのお給料は一向に上がらないのです。


「金は天下のまわりもの」とはよく言った言葉で、手元にあるお金は「自分のもの」

と思いがちですが、そうとばかりも言えないのです。まわりまわって、私たちの元へやってくる。だから、お金持ちの人がお金をどんどん使ってくれたほうが、実は私たちも潤う可能性が高いのです。


お金持ちが特集されているテレビ番組を見ながら、私たちは、

「あんなにお金を使って、ずるい！」

と思ったり、お金をたくさん稼いでいても、使わずに貯金している人を見ると、

「経済観念が一般人と同じで、えらいなあ」

なんて思ったりしますが、その指摘は、実は逆なんですよね。

私は、「お金を持ってるならもっと使って、世の中にまわして〜」と思います（笑）

だって、大雑把に言えば、彼らがお金を使ってくれることで、その商品にかかわる会社の社員のお給料になり、その家族が潤い、そしてまた、お金を使い、そのまた先の会社の社員に……と巡るんですよね。お金はどんどんまわしていったほうが、経済の状況はよくなるのです。

だから、**「お金を使うことはいけない」と思いすぎると、経済の循環もそうですが、自分のお金（＝エネルギー）の循環も鈍るので、「お金がない」「お金が足りない」という状況に陥ることが多くなる**んですよね。

お金に対する謎の思い込みにバイバイ！

お金に関しても、実は「思い込み」がたくさんあります。

「お金の心配がぬぐえません」

お金のことは都合よく思い込もう

という言葉をよく耳にするけれど、それもそのはず、そう思い込んでいる人がとても多いのです！

だから今日から、お金についても、次のように「都合のよい思い込み」をしてしまいましょう。

「お金は使ったらなくなる」→「お金は使っても使っても入ってくる」

「お金を稼ぐのは大変だ」→「お金を稼ぐのは簡単で楽しい！」

お金の使い方や稼ぎ方に、正解はありません。でも、「大変な思いをしないと入ってこないもの」と思っている人は、そのとおりになります。かつての私がそうでした。

でも好きな事を仕事にしたことで「好きなこと楽しいことをすればするほどお金が増える」というマインドに変わっていったのです。お金が足りないなと感じるたびに次はどんな楽しいことをしよう」と考えるようになり、お金を稼ぐ＝大変で辛いというのが消えていきました。だから、

私も最初に好きなことしているだけでお金が入ってきたらいいのに!! という都合の良い思い込みからはじまりました。なので、

「お金がこうだったら最高！」

と自分が思えるように、都合のよい思い込みに変えていきましょう。

そして、お金に関する思い込みも、毎日、美容液を肌に染み込ませるように、丁寧に浸透させてください。美は1日してならず。マインドも1日にしてならず。

美容液と同じで、一度つぶやいただけでは、劇的な変化はありません。

お金に関する都合のよい思い込みを毎日繰り返し唱え、自分に刷り込むことで、効果を実感していきましょう。

〝思い込み美容液〟の効果は侮れない♥

私は昔から、都合のいい思い込みをしていました。

「私は本が出せる！」

「年収1000万円になる‼」

こんなことをいつもワクワク考えて、まわりの人にも話していたので、たまーに、常識的な人にまで、いつもの調子でこれを言ってしまうと、呆れられたり、お叱りを受けたりすることもありました。

そのときはものすごーーく落ち込んで、

「やっぱり無理なのかな？」

と思います。でも、めげずに自分にこの思い込みを刷り込み続けて……。結果は、私の都合のいい思い込み勝ちでした♥

世間の常識より、他人の意見より、私の思い込み♥

これは、よいことも、悪いことも、全部です。思い込んだとおりになります。「私の思い込み」は侮れません（笑）

みなさんもぜひ、〝思い込み美容液〟で毎日自分をお手入れしてあげてください。

思考デトックスで「私の大事」を見極めよう

ここまでお伝えしてきたように、私は自分の〝好きなもの〟〝心地よいもの〟にフォーカスしてきた結果、大きな夢を叶えてきました。そして、〝好きなもの〟〝心地よいもの〟をさらに厳選するようになりました。

「手放す力」を上げるためには、いらないものを見つけるよりも、自分がいるもの、好きなもの、心地よいもの、楽しいもの、大切なものにフォーカスすることが大事。

そうした **〝心地よい〟にフォーカスすることで、自分の心地よくないものに「違和感」を持てるようになり、手放したいものが自ずと見えてくるのと同時に、大事なものもわかってくる。** すると、

「たくさん持っていなくても大丈夫♥」

と安心できて、大事なもの以外を手放しやすくなるのです。

つまり、いらないものにフォーカスするのではなく、いるものにフォーカスできるようになるんですね。

以前、私がニューヨークのホテルに泊まったときのことです。1回の滞在で2つのホテルを予約していたので、途中で移動。1軒目のホテルは、そのときの自分の感覚にぴったりで、とても心地よく、ルンルン気分で宿泊できました。

しかし、2軒目のホテルに行ったとき、建物に入った瞬間から、

「私のエネルギーと違う」

と感じました。そこはとてもおしゃれで、インフルエンサーなども紹介している素敵なホテル。でも、私には違和感しかありません。

1泊しましたが、残りの2泊をこのホテルで過ごすことが、どうしても耐えきれず、「これはもう、お金の問題ではない！」と思い、事前決済にもかかわらず、ほかのホテルに移りました。

「好きなもの」「心地よいもの」を追求しすぎると、こんなちょっと面倒くさいことも起こります。でも、**これを繰り返すことで、「心地よくない」という違和感をすぐにキャッチできるようになる**のです。

私は、いわゆる霊感があるとか、人に見えないものが見えるといった能力は皆無です。そんな私でも、自分の「心地よい、心地よくない」だけは、しっかりと感じることができるようになりました。

この力は、日常の一つひとつを厳選していくことで、養うことができるのです。

レベル3の手放しは「もったいないと感じるものを手放す」です。頭ではもったいないとわかっていて、周りからもそう言われる。でも、自分の中でなんとなく「しっくり」こない。違和感がある。そんなときに、自分の「心の基準」に従って「もったいない」を手放すのが、このレベル3の最上級の手放し、「もったいないと感じるものを手放す」なのです。

これはとても難しいことです。なんせ、「もったいない」し、いままで「しっくり」きていたことが多いし、頑張って積み上げてきたものだ、という思いもあるでしょう。それを手放す。怖いし、不安だし、「本当に大丈夫かな」と私も手放すたびに思いました。

でも、大丈夫。私たちは、自分の選んだ道を正解にすることができるから。そう、先にも書きましたが、「自分が楽しい」「自分がしっくり」と感じる道が正解なのです。レベル1、2の時点で、あなたには「しっくり」を選ぶ、「選択力」が備わってきています。だから、いまあなたはレベル3の「もったいないものを手放す」ということができるのです！

自分の幸せのために、「もったいない」と感じるものも、どんどん手放していきましょう。

執着を手放して〝思考ヘルシー美人〟になろう

「こうじゃなきゃ、幸せじゃない」

私たちはそんな風にたくさんの「執着」を持っています。たとえば、

「彼氏と別れたら、幸せじゃなくなる」

「子どもがいないと、幸せになれない」

「もっとお金がないと、豊かになれない」

そんな風に、「これがなきゃ」「こうじゃなきゃ」と、**今ないもの、手放すと怖いものに執着しすぎて、がんじがらめになっていることは、たくさんあります。**

先日、私のオンラインサロンで、会員さんとのインタビュー動画を撮影したときに、一人の会員の方がこんなことを話してくれました。

「私はずっと子どもが欲しいと思っていて、子どもがいないと幸せになれないって、とても苦しかったんです。『どうすれば子どもができるんだろう？』ということばかりを考えていました。

そんなときに、佳実さんの本と出合って、執着を手放すって書いてあっても、最初は『子どもが欲しいことを手放すなんて、できるはずがない！』って思っていたんです。でも、できるところからやってみようと、本に書いてあるように、**目の前の〝ある〟にフォーカスしていった**んです。

そうしたら、今の生活が、とっても満たされていることに気づいて、『子どもがいてもいなくても、私、幸せじゃん』って、心から思えた。そうしているうちに、妊娠がわかって。執着を手放すって、こういうことなんだなって思いました」

この会員さんのような体験をする方はとても多いと思います。みなさんも、彼氏が欲しいとずっと執着してきたのに、

「仕事に専念するから、今はいいや」

と思うようになったとたんに彼氏できたという話を、聞いたことはありませんか？

そうです。**執着こそが、理想の未来を遠ざける要因**なのです。

理想の未来を自由に描いたあとに大事なのは、

「それがなきゃ、幸せじゃない!!」と、理想に執着するのではなく、

「叶っても叶わなくても、どっちでも幸せ♥」と、軽やかなマインドでいること。

この執着を手放すことこそが、「思考デトックス」の醍醐味なのです。

考え方がナチュラルでフラットな〝思考ヘルシー美人〟は、「流れに任せる」ことがとっても得意。

「こうしなきゃ!!」とジタバタしている人は、思考のファット状態の可能性があります。あなたも思考ヘルシー美人になるために、執着を手放していきましょう。

執着を手放すには、

- **今に満たされる**
- **自分のことは自分で幸せにできると確信する**

・自分の人生に安心する

ということが、とても大切なのです。

あなたが一番優先すべきことは何？

先日、こんな質問をもらいました。

「今、付き合っている人がいるんですが、彼は私と結婚する気がなくて。でも、私は結婚したいんです。佳実さんは、結婚の形にこだわらないマインドになったと言っていましたが、私がそうなれるとは思えなくて……。彼のことは好きだし、結婚もしたいんです。どうしたらいいですか？」

このようなケースの場合、まず考えてもらいたいのは、「彼とパートナーでいること」と「結婚すること」の**どちらが自分にとってプライオリティー（優先順位）が高**

いかということ。そこで彼女に、

「彼以外の素敵な人が現れて、結婚しようとプロポーズされたら、どうしますか？」

と、聞いてみました。すると彼女は、顔をパアッと明るくして言ったのです。

「その人と結婚します！」

そうです。彼女にとっては、今付き合っている彼よりも、「結婚すること」のほうが、プライオリティーが高かったんですね。

こうして**心の声を聞いて、自分が一番優先すべきことを知るのは、とても大切なこと**。だからあなたが、将来、自分の理想が最高の形で叶ったときも、

「今握りしめているものは、私にとって本当に必要なもの？」

と、いつも自分に問いかけるようにしてください。

手放すからこそ、私たちは次のステップへ前進していけます。

あなたの未来の幸せのために、現在手にしているものを手放すことを常に考え、今を犠牲にしないことです！

「しっくり」こないものでも、今まで持っているものだとしたら、やっぱり持っている方が「安心する」ということはありますよね。手放すのが怖いという気持ちです。

でも、その気持ちを乗り越えて、自分の「しっくり」「好き」「楽しい」「ワクワク」「ウキッ」という気持ちに正直に選び取り、そう感じなくなったものを大きく手放すことで、自分に大きな余裕ができ、また大きなものが自分の中になだれ込んできます。

私の周りにも

・超安定の仕事を手放して、自由な働き方を実現し収入もアップ!!
・連絡をくれない彼氏を手放して、連絡をマメにくれて安心させてくれる彼と出会えた!
・「子供がいると仕事ができない」という思考を手放したら、子供ができ仕事と子育ての両立ができてとってても幸せ♡

がんじがらめにして、小さな檻のようなものに自分自身を閉じ込めていたところから、鍵を開け、扉を開ける。それが「手放す」ということだと思います。

扉が全開になったのだから、さあ、一歩を踏み出そう。

あなたはもう、どこにでもいけるし、どんな道も歩めます。あなたを縛り付けていた「モノ」「人間関係」「仕事」「固定観念」はすべてなくなったのです。

さあ、どこにいきますか？　どんな人生を歩みたいですか？

常に、思考をデトックスして、もっと自由に、軽やかに進もう。

デトックスワーク⑤

「もったいない」を華麗に手放すためのレッスン

本当にやりたいことに集中するために、思考の余白や時間の余裕を作りたい。

＊今本当にやりたい、集中したいこと
＊自分に「余裕」「余白」をつくるために手放すもの

自分が手放すものをまとめてみよう

レベル1「単純にいらないもの」を手放す
レベル2「なかなか手放せないもの」を手放す
レバル3「もったいないと感じるもの」を手放す

上級まで華麗に手放せるようになったら、
あなたはもう、手放しの達人!!

おわりに

「手放し」は慣れです。手放すことで、自分の環境が心地よくなり、また大きなものが入ってくるという経験をすることで、「こんなに効果があるんだ！」とどんどん手放したくなります。だから常に、自分自身を最高に「しっくり」の身軽な状態にしておけるのです。

手放すことは選ぶこと。

「しっくり」を選び取り、そのほかのものは潔く手放せる自分に♥

人生を変えたいなら、思考をシンプルにし考え方を変えること。

そして、さらに変化を早めたいなら、行動を変えて行動量を増やすこと。

今回の本には、人生を劇的に変える考え方、そして行動の仕方を「手放し」という目線からたっぷりと書かせていただきました。今日から実践していただけるものもたくさんあります。少しずつ、実践していただき、ぜひ「思考デトックス」を自分のものにしてくださいね。

みなさまの毎日が、自由で軽やかなものでありますように。

Poem

もうそろそろ、自分の人生のコントローラーを握りはじめよう。
人に言われ、期待され、評価されるように生きるのはおしまい。
私が喜ぶ、私がうれしい、私が楽しい、そんな人生を生きよう。

思っていること、考えていることを、
まずは自分がちゃんとわかってあげる。
そして、それをまわりにも伝えてみる。
大丈夫、あなたが本音を言っても、
ちゃんとわかってくれる人はたくさんいるから。

もう、ガマンしなくて大丈夫。
もう、「ちゃんとした私」の鎧を外しても大丈夫。
ありのままの私で、人生をコントロールしていこう。

宮本 佳実

ワークライフスタイリスト。1981年生まれ、愛知県出身。

高校卒業後、アパレル販売員、一般企業で人事・受付、司会者を経験。28歳で起業を決心し、パーソナルスタイリストとなる。名古屋で主宰する「女性のためのスタイリングサロンビューティリア」は全国から顧客が来店するサロンに成長。その経験から「好きなこと起業」の楽しさを多くの人に伝えたいとコンサルティング活動を開始。現在はサロンを組織化し、自身はワークライフスタイリストとして「可愛いままで起業できる!」をコンセプトに活動。

著書に『可愛いままで年収1000万円』『可愛いままでこう働く』（小社刊）『大丈夫、あなたは「好き」を仕事にできるから。~人生のモンモン期をするりと脱出する方法』（大和書房）『やっぱりお金もラクチンカンタンがうまくいく』（KADOKAWA）などがある。

HP http://yoshimimiyamoto.com
Blog http://ameblo.jp/beauteria/

思考デトックス

2019年 9月25日 第1版 第1刷発行

著 者	宮本 佳実
発行所	WAVE出版 〒102-0074 東京都千代田区九段南3-9-12 TEL 03-3261-3713 FAX 03-3261-3823 振替 00100-7-366376
印刷・製本	萩原印刷

NDC159 239P 19cm ISBN 978-4-86621-233-3